AF154255

SVLTO

Die hochgewachsene Fichte, die in einer Neumondnacht des Januar 1707 im venezianischen Val di Fiemme
geschlagen wird, ahnt nichts von ihrem künftigen
Schicksal. Aus ihrem Holz wird eine der kostbarsten
Geigen der Welt gebaut, in ihren Fasern werden die
Kompositionen berühmter Musiker – und schließlich
sogar der verruchte Jazz – erklingen, ihre abenteuerliche Reise wird über die Werkstatt Stradivaris in
Cremona bis nach Paris, London und New York führen.

Der französische Autor Frédéric Chaudière, selbst
Geigenbauer, erzählt farbig und kenntnisreich die
wechselhafte Lebensgeschichte eines Instruments und
der Menschen, die im Laufe der Jahrhunderte mit ihm
in Berührung kommen.

Von einem Abgesandten des spanischen Hofes für
›troppo rosso‹, zu rot lackiert befunden, verbringt sie
immer wieder lange Monate in den Kisten und Schub-
fächern ihrer verschiedenen Besitzer, bis sie der junge
jüdische Geigenvirtuose Bronislaw Huberman in den
30er Jahren mit ins Exil nach New York nimmt. Und
eines Abends, nach einem Konzert in der Carnegie
Hall, ist das wertvolle Stück auf unerklärliche Weise
verschwunden ...

$2500.00 REWARD

for Return in Good Condition

of

Stradivarius Violin

  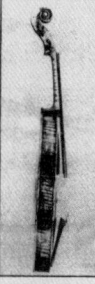  

Disappeared February 28th, 1936. Carnegie Hall, New York City.

Label inside violin under left "S" curve

"Antonius Stradivarius

Cremonenis Faciebat

Anno 1713"

TOPLIS & HARDING, Inc.
New York City

Notify Nearest Office

TOPLIS & HARDING, Inc.
116 John Street   New York City

Insurance Exchange Building   610 So. Bway.
Chicago, Ill.   Los Angeles, Calif.

OR

TOPLIS & HARDING; London, Paris, Strasbourg

Frédéric Chaudière
Geschichte einer Stradivari

Aus dem Französischen
von Sonja Finck

Verlag Klaus Wagenbach   Berlin

Diese Geschichte ist erfunden. Sie basiert auf zwanzig Jahren Berufserfahrung sowie auf Artikeln, auf die ich in der Presse und in Fachbüchern gestoßen bin. Ich habe mich von den Informationen inspirieren lassen, um eine Erzählung zu schreiben, die weder eine journalistische Reportage noch eine historische Abhandlung sein soll.

Mit einem Doppeletui in der Hand tritt Bronislaw Huberman aus dem Fahrstuhl und geht hinaus auf die Straße, um auf sein Taxi zu warten. Der Schneesturm, der die Park Avenue entlangfegt, treibt ihn vom Gehsteig zurück ins Foyer, wo er die kurze Pause nutzt, um sich in den Spiegeln der Eingangshalle zu betrachten: ein hochgewachsener Mann mit einem zu groß geratenen Körper. Er streicht sich die Augenbrauen glatt, als das Taxi mit quietschenden Bremsen vor der Tür hält.

Ida Ibbiken erwartet ihn auf der Rückbank. Er setzt sich neben sie, küßt sie auf die Wange und nennt dem Fahrer eine Adresse. Dieser läßt die Kupplung kommen, der Wagen fährt an, und eine dunkle Rauchwolke quillt aus dem Auspuff.

»Sind Sie Musiker?«

»Bronislaw Huberman, Violinist.«

Als das Auto an einer roten Ampel hält, streckt ihm der Fahrer die Hand entgegen.

»Ich bin aus Belize. Sagt Ihnen das was?«

»Nein.«

»Ist eine alte Piratenstadt. Ich bin hier gestrandet.«

»Als Pirat der Straße?«

Der Fahrer wirft einen Blick in den Rückspiegel und grinst.

»Huberman ... Lassen Sie mich raten. Das ist ein jüdischer Name!«

»Haben Sie was dagegen?«

»Sie haben einen merkwürdigen Akzent.«

»Ich mußte Wien verlassen. Es wurde zu gefährlich.«

»Warum?«

»Ich habe einen offenen Brief an die *Times* geschrieben, in dem ich den deutschen Intellektuellen vorwarf, mit den Nazis zu paktieren.«

»Oh, oh!«

»Goebbels hatte mich auf dem Kieker. Sie haben die Ehre, den ›Reichsfeind Nr. 1 der Musikwelt‹ zu chauffieren.«

Wegen der Flüchtlinge aus Europa – Künstler, Industrielle und einfache Leute – erinnert New York Huberman an einen Dampfdrucktopf, in dem es vor Einfällen nur so brodelt.

Gemeinsam mit seinem Freund Albert Einstein plant er die Gründung eines Orchesters, um der Propaganda der Nazis etwas entgegenzusetzen. Sie verbreiten ihre Idee per Radio, woraufhin zahlreiche Schecks bei ihnen eintrudeln. Das Vorhaben nimmt allmählich Gestalt an. Damit die einträgliche Finanzquelle nicht versiegt, bittet Huberman den Physiker, die Höhe der Spenden geheimzuhalten. Mit dem Geld wirbt er die ehemaligen ersten Geigen der Philharmonien von Berlin, Frankfurt, München und Dresden an, die wegen der Nürnberger Gesetze ihre Anstellung verloren haben.

»Toscanini hat sich bereit erklärt, das Eröffnungskonzert des *Palestine Symphony Orchestra* zu dirigieren.«
Ida schmiegt sich an ihn.
»Das wird ganz schön Wirbel machen.«

Der Buick hält vor dem Künstlereingang der Carnegie Hall. Huberman grüßt den Einparker und steigt die Treppe zu den Garderoben hinauf. Nachdem er den Mantel abgelegt hat, haucht er in seine Hände und klappt den Geigenkoffer auf. Er zieht die Stradivari aus ihrer Seidenhülle, stimmt sie und legt sie wieder in das Etui, um Kolophonium auf den Bogen aufzutragen. Dann legt er sich das Instrument an die Schulter, hebt den Kopf und plaziert das Kinn auf der Kinnstütze. Die Geige ist nun eine Verlängerung seiner selbst.

Er spielt sich immer mit derselben Phrase ein, einer Abfolge von Motiven verschiedener Komponisten. Huberman selbst wäre nicht in der Lage, ihre Bedeutung oder Herkunft zu nennen.

Nach einigen Minuten nimmt er die Guarneri zur Hand. Jetzt wird es ernst. Dasselbe Ritual wie zuvor: stimmen, Kolophonium auftragen, einspielen. Wegen ihres vollen Klangs ist diese Geige besser für einen großen Saal geeignet. Die Stradivari verwendet Huberman nur für Kammermusikkonzerte und Aufnahmen. Außerdem kommt sie zum Einsatz, wenn die Guarneri müde ist und eine Pause braucht. Nun wird alles einfach: Hubermans Finger finden blind die richtige Stelle auf dem Griffbrett, er gerät in eine Art Trance und ist bereit, die Bühne zu betreten.

Die Stufen der Marmortreppe dröhnen unter seinen Schritten, als wollten sie den Beginn des Konzerts ankündigen. Hinter den Kulissen, wo alles mit Requisiten zugestellt ist und unzählige Kabel über den Boden laufen, lächelt ihm der Tonmeister aufmunternd zu, während Ida ihm über den Rücken streicht. Huberman ist bereits in einer anderen Welt und geht auf das Orchester zu, das sich unter dem tosenden Applaus des Publikums erhebt.

Huberman beginnt mit Bachs E-Dur-Konzert. In der ersten Reihe sitzen einflußreiche Persönlichkeiten, die den Anstand haben, seine politische Geste zu unterstützen. In der zweiten Reihe sind Politiker und Staatsbeamte versammelt, wobei mehrere freie Plätze vom mäßigen Interesse dieses Menschenschlags für das musikalische Programm zeugen, das der Solist zu bieten hat. Ein Paar, das hinter Einstein sitzt, empört sich über den wirren Haarschopf des Wissenschaftlers.

Durch die Musik entspannt sich die Atmosphäre im Saal. Manche Zuschauer dämmern vor sich hin, während andere für eine Weile der Hektik des Großstadtlebens entfliehen. Als der Beifall die Pause einleitet, geht Ida zu ihrem Geliebten, um mit ihm zu plaudern und ihm die Anspannung zu nehmen. Zwanzig Minuten später ertönt der Gong, und die Spitzen der New Yorker Gesellschaft steuern wieder auf ihre Plätze zu. Nach der Pause spielt Huberman die Sonate von Franck. Seine Sekretärin nutzt die Gelegenheit, um in einem Taschenspiegel ihr Makeup zu überprüfen. Die Empfänge nach den Konzerten sind regelrechte Schönheitswettbewerbe, und sie legt Wert darauf, den Nobelpreisträger Einstein zu beeindrucken. Da ihre Wimperntusche nach einer Auffrischung verlangt, geht sie auf Zehenspitzen zur Garderobe des Solisten. Dort beschleicht sie ein seltsames Gefühl. Ihr Blick fällt auf einen hellen Fleck unter dem Tisch, auf dem der Geigenkoffer liegt. Sie bückt sich, erkennt die Seidenhülle der Stradivari und bemerkt, daß der Geigenkasten leer ist. Die Stradivari ist verschwunden!

Einige Sekunden lang lähmt sie der Schreck, dann läuft sie zur Bühne. Huberman schwitzt vor Anstrengung unter den Scheinwerfern, er wischt sich, sooft es geht, mit einem weißen Taschentuch über die Stirn.

Nervös tritt sie von einem Fuß auf den anderen und muß plötzlich dringend zur Toilette. Als sie von den Waschräumen der Künstler zurückkommt, verläßt Huberman gerade kurzzeitig die Bühne, und sie stürzt sich weinend in seine Arme. In der Aufregung versteht der Musiker ihr Gestammel nicht. Schon wird er zurück auf die Bühne gerufen. Er begreift nur, daß seine Stradivari verschwunden ist, holt tief Luft und flüstert Ida zu:

»Mach dir keine Sorgen. Sie ist versichert. Du kannst mir nachher alles erklären. Ruf sofort die Polizei.«

Der Violinist fährt mit dem Konzert fort. Da ihn die ganze Sache sehr beunruhigt, zieht er bei Szymanowski das Tempo deutlich an und begibt sich mutwillig in Schwierigkeiten. Hypothesen schwirren ihm im Kopf herum. Den Rest des Repertoires spult er automatisch ab, eine Fähigkeit, die er sich in vierzig Jahren Berufserfahrung angeeignet hat. Nachdem er die Bühne unter donnerndem Applaus verlassen hat, hastet er zu seiner Garderobe, ohne dem Publikum zu danken.

Auf dem gesamten Stockwerk wimmelt es von Polizisten der West 47th Street Police Station. Der Solist legt die Guarneri in das Doppeletui, sein Blick fällt auf die leere Stelle, wo er sonst die Stradivari aufbewahrt. Der oder die Diebe haben seine fünf Bögen nicht mitgenommen, zwei Tourte, einen Peccatte, einen Henry und einen Pierre Simon mit Goldmontur. Daraus schließt Huberman, daß der Diebstahl nicht von einem Musiker begangen worden ist, denn es ist bekannt, daß man seltene Bögen leicht und ohne großes Risiko verkaufen kann. Für die Stradivari, die gut dokumentiert ist, wird sich hingegen nur schwer ein Abnehmer finden lassen.

Die Vernehmung der Zeugen dauert bis tief in die Nacht. Die Polizei holt sämtliche Orchestermitglieder, die nach dem Konzert nach Hause gegangen waren, zur Befragung wieder aus dem Bett.

In den nächsten Tagen werden mehrere Personen verhaftet, die einen Geigenkoffer tragen, weil die Polizisten das Etikett überprüfen wollen, das in jedem Instrument klebt. Nathan Milstein wird auf dem Weg zu einer Orchesterprobe aus dem Zug nach Boston geholt und aufs Kommissariat gebracht, nur weil er das Wort »Stradivari« in den Mund genommen hat. Erst nach stundenlanger Diskussion und einem denkwürdigen Wutausbruch kann er die Polizisten davon überzeugen, daß seine Geige nicht das gestohlene Instrument ist. Die Ermittler raufen sich die Haare angesichts der Millionen von Schülerinstrumenten, die ein Etikett des berühmten Geigenbauers tragen, zumal sie nicht den Unterschied zwischen einer Bratsche und der Viertelgeige eines Kindes kennen.

Als Huberman klar wird, daß die Polizei überfordert ist, engagiert er die Detektive von Toplis & Harding Inc., die eigentlich darauf spezialisiert sind, untreue Ehefrauen zu beschatten. Die Kunstwelt ist ihnen eher fremd. Sie beschließen, mit den Ermittlungen noch einmal bei Null anzufangen. Nachdem sie die wichtigsten Geigenbauer der Welt per Telegraph informiert haben, lassen die Detektive eine Suchmeldung mit Fotos drucken und verbreiten. Belohnung: 2500 Dollar.

A nfangs quillt ihr Briefkasten vor Hinweisen über, doch dann gehen die Wochen ins Land, während abwegige Spuren im Sand verlaufen und Indizien den einfachsten Überprüfungen nicht standhalten. Ein Artikel auf der Titelseite der *New York Evening Post*, die Verhöre der Polizei und die monatelange Ermittlungsarbeit der Detektive – alle Bemühungen sind vergebens.

Die Geige bleibt verschwunden.

I n einer kalten Januarnacht im Jahre 1707 machen sich zwei Männer auf den Weg. Der dichte Wald des Val di Fiemme verschluckt das Knirschen ihrer Holzschuhe auf der dünnen Schneeschicht. Alles Leben scheint erstarrt, wie vom Winter versteinert. Nur dank ihrer hervorragenden Ortskenntnis können sie sich in dieser mondlosen, totenstillen Nacht orientieren.

Nach zweistündigem Fußmarsch nähern sie sich dem Baum: einer schwarzen Fichte mit hohem Astansatz, die wie tausend andere an diesem Ort wächst. Im schwachen Licht der Morgendämmerung finden sie das Siegel, das auf Augenhöhe in den Stamm geschlagen ist und die Zugehörigkeit des Baums zur Republik Venedig anzeigt.

In einem gespensterhaften Tanz machen sich die beiden Männer daran, den Nadelbaum zu fällen. Die Axt saust mit ungeheurer Wucht in den Stamm. Holzstücke fliegen durch die Luft. Auf den dumpfen Ton der Schläge, die die Erde erbeben lassen, folgt das Ächzen des Werkzeugs, das aus dem Spalt gezogen wird. Bald ist der Boden von weißen Holzsplittern übersät.

Einer der beiden Männer spuckt sich in die Hände und verschnauft einen Moment. Dann stößt er in einem heiseren Dialekt ein paar Verwünschungen hervor und packt die eine Seite der riesigen Säge. Zuvor haben sie mit der Axt eine Kerbe in den Stamm geschlagen, um die Fallrichtung zu bestimmen. Durch ihre gemeinsame Anstrengung knackt das Holz immer lauter, schließlich zerbersten die Fasern im Innern der Fichte. Das Geräusch des zu Boden stürzenden Baums und der brechenden Äste hallt von den Berghängen wider. Der Luftzug wirbelt Schneekristalle empor, die dann langsam zu Boden sinken und in der aufgehenden Wintersonne funkeln.

Die Holzfäller sind ein paar Schritte zurückgetreten, um das Spektakel zu genießen. Gemäß einer uralten Tradition müssen die Fichten, aus denen Instrumente gebaut werden, in einer Neumondnacht im Januar gefällt werden. Am frühen Morgen haben sie etwa dreißig Bäume niedergestreckt. Das einst so idyllische Waldstück erinnert an ein Schlachtfeld.

Am folgenden Tag entfernen die Holzfäller die Äste von den Fichten, schleifen die Stämme zum Weg und lassen sie von einem Gespann zur Sägemühle schleppen.

In der zweistöckigen Holzhütte am Ufer des Flusses wird alles zugesägt, was der Wald hergibt. Der Wasserlauf strömt in einer Rinne durch das Gebäude, in dem eine primitive mechanische Säge steht. Eine Achse und Zahnräder aus Fichtenholz setzen die Energie des Wassers in eine Pendelbewegung um.

Zwischen den Sägemehlhäufchen auf dem Boden sitzt einer der Holzfäller und bearbeitet das Sägeblatt, das in einem Schraubstock klemmt. Er schärft es mit Hilfe einer Dreikantfeile. Metallspäne rieseln zu Boden, ein schrilles Raspeln ertönt. Anschließend schränkt er das Stahlblatt, indem er die Zähne abwechselnd zu beiden Seiten umbiegt. Durch den täglichen Gebrauch verformt sich das Blatt ständig, das umso schärfer wird, je geschickter der Handwerker zu Werke geht. Wie dem Arbeiter, der an ihm herumfeilt, fehlen auch dem Sägeblatt einige Zähne, wo ein Nagel oder ein Stein unter die Schneide geraten ist.

Jeden Morgen müssen die Arbeiter die Schaufeln des Wasserrads mit einem Beil von der Eiskruste befreien. Dann setzt sich das Ungetüm ächzend in Gang, läßt die Säge sirren und stäubt eine Wolke Sägemehl auf. Sie ist der ganze Stolz der Holzfäller, die weit und breit die einzigen sind, die eine solche Vorrichtung besitzen. Die Zeit und die Kraft, die sie dadurch sparen, nutzen sie, um sich neue Teile des Waldes zu erschließen.

Die tagtägliche Arbeit in der Sägerei liegt in den Händen von drei Sägern, die im Wechsel der Jahreszeiten Fichtenstämme zu Balken und Brettern verarbeiten.

Wenn der Frühling naht, wählen die Holzfäller die schönsten Stämme für ihren Kunden aus Cremona aus.

Bei Pietros Ankunft ist der Besitzer der Sägemühle gut gelaunt. Da er um die Qualität der im letzten Winter geschlagenen Stämme weiß, rechnet er damit, daß bald viel Geld in seine Tasche fließen wird.

Pietro, der selbst aus dem Val di Fiemme stammt, lebt inzwischen in Cremona und versorgt die dort ansässigen Geigenbauwerkstätten mit Holz. In der Stadt verkauft er es zu aberwitzigen Preisen, was er den Arbeitern in seinem Heimattal wohlweislich verschweigt.

Pietro geht zu den noch nicht entrindeten Baumstämmen und fühlt ihre Temperatur, ehe er sich hinunterbeugt und an dem Holz riecht. Von der erstaunlich trockenen Schnittfläche rinnen dünne Harzfäden. Mit dem Finger nimmt er einen kleinen Tropfen auf und führt ihn zum Mund. Der Tropfen hat die Farbe und Konsistenz von Honig, riecht aber stark nach Terpentin. Die zähe Masse bleibt an seinem Finger und seiner Zunge kleben, die von der Substanz taub wird.

»*Questo!*« ruft Pietro den Arbeitern zu.

Er zeigt auf einen der Baumstämme und läßt sich eine handbreite Scheibe abschneiden. Als die Säge in das Holz eindringt, hört er, wie das Sirren des Werkzeugs sich verändert. Das Sägemehl und der Geruch des Holzes sagen ihm, daß er die richtige Wahl getroffen hat. Er nimmt die Holzscheibe, stellt sie hochkant auf den Boden, teilt sie mit dem Beil in zwei Hälften und diese wiederum in Viertel. Die Fasern verlaufen gerade, und es sind keinerlei Spuren von Schimmelpilzen zu sehen, die immer dann wuchern, wenn das Holz zu warm geworden ist. Als nächstes prüft Pietro den Abstand der Jahresringe. Ihre Regelmäßigkeit zeugt von dem beständigen Klima im Tal.

Er zieht ein verziertes Klappmesser aus der Hosentasche, schneidet ein paar Holzspäne ab und untersucht die glänzende Oberfläche, die die Klinge hinterlassen hat. Das Holz ist so leicht, als hätte es bereits mehrere Jahre zum Trocknen gelagert. Pietro ist sich jetzt sicher, daß die Holzfäller den Baum zur richtigen Zeit geschlagen haben, nämlich im Januar, wenn bei Neumond aller Saft in die Wurzeln sinkt.

»Meine Kunden werden zufrieden sein!«

Bevor er Anweisungen für den Zuschnitt der Fichte gibt, wendet Pietro sich dem ältesten Holzfäller zu, um über den Preis zu verhandeln. Er beherrscht alle Kniffe, die einen guten Kaufmann ausmachen, weshalb er es tunlichst vermeidet, mit dem Sohn des Alten zu sprechen, der um einiges aufgeweckter und deshalb schwerer zu manipulieren ist.

Jetzt greift Pietro sich unters Hemd und holt eine kleine lederne Geldbörse hervor, die vom Schweiß seiner Haut speckig geworden ist. Er entknotet die Riemen und entnimmt ihr drei Dukaten, die er dem Holzfäller unter die Nase hält. Dieser scheint die Münzen nicht wahrzunehmen und ignoriert das Geschwätz, das sie begleitet. Als Pietro nicht lockerläßt, tritt der Alte einen Schritt vor und starrt ihm in die Augen.

Entsetzt über die nur mühsam gezügelte rohe Gewalt, die er im Blick des muskelbepackten Arbeiters ausmacht, verstummt Pietro abrupt. Der Mann schiebt ihm rasch seine rissige Hand in die Hosentasche, nimmt das Klappmesser an sich und klaubt ihm die Münzen aus der Hand.

»Drei Dukaten, das ist nicht viel.«

»Das ist das Sechsfache von dem, was ich für eine gewöhnliche Fichte bezahle«, protestiert Pietro.

»Es wird schon einen Grund geben, warum du für diese hier einen so weiten Weg gemacht hast.«

Pietro ignoriert den sarkastischen Unterton, wendet sich ab und beginnt mit einem Kreidestück jene Stellen zu markieren, an denen der Stamm zersägt werden soll. Um kein Holz zu verschwenden, wird das knorrige Stück in der Nähe der Wurzeln zu Kontrabässen verarbeitet. Aus dem Stück darüber, wo die Jahresringe enger werden, werden Celli gefertigt, und aus dem oberen Teil Bratschen und Violinen. In der Sägemühle wird der Stamm auf die Länge der jeweiligen Instrumente zugeschnitten. Der Geigenbauer teilt das Holzstück wie eine Orange in Viertel und halbiert jeden dieser Scheite noch einmal der Länge nach. Als nächstes leimt er die beiden Hälften mit spiegelverkehrter Maserung aneinander und sägt die Decke aus.

Pietro hat eine Fichte ausgewählt, aus der ganz einzigartige Instrumente gefertigt werden können. Dank der geringen Dichte des Holzes, die dem Klima, der Beschaffenheit des Bodens und der Mondphase geschuldet ist, können die Schwingungen, die die Reibung des Bogens auf den Saiten erzeugt, tief ins Innere des Instruments eindringen.

Aus der Ferne erinnert die Dogenstadt an einen umgestoßenen Bienenstock, dessen Volk auf die Lagune ausschwärmt. Das brackige Wasser scheint mit dem milchigen Himmel zu verschmelzen, als wollte es Fremde auf der Durchreise blenden. Einige Bettler nutzen die Gunst der Stunde und leeren den Neuankömmlingen unbemerkt die Taschen, um die eigenen Mägen zu füllen.

Nachdem er seine Maultiere dem Stallburschen der Herberge anvertraut hat, läßt Pietro sich zum Ospedale Santa Maria della Visitazione rudern.

Venedig hat vier Spitäler. Eins für unheilbar Kranke, ein anderes für Bettler, das dritte für Verrückte und das Ospedale Santa Maria, das die Venezianer die Pietà nennen, für Waisen. Die Orchester der Hospize bestehen aus Musiklehrern und ihren Schülern und sind weit über die Republik hinaus bekannt. In der Pietà erhalten junge Mädchen eine musikalische Ausbildung, damit sie später in die gehobene Gesellschaft Venedigs einheiraten können.

Antonio Vivaldi ist für seine Tonsur und seine flammend roten Haare ebenso berühmt wie für seine Musik. Tagsüber unterrichtet er in der Pietà und hastet abends zu einem der Theater der Stadt. Auf dem Weg dorthin komponiert er die Musik für die Aufführungen. Er ist ein begnadeter Violinspieler, doch erst als Orchesterleiter des Waisenhauses zeigt er sein wahres Können. Er dirigiert so frenetisch, daß es den Zuschauern fast Schmerzen bereitet. Völlig entrückt atmet er im Rhythmus der Musik, seine halbgeöffneten Augen, die er manchmal merkwürdig verdreht, verleihen ihm ein gespenstisches Aussehen. Wenn er sich aufbäumt, um den Schülerinnen seinen Willen zu diktieren, scheint er keine Schwerkraft mehr zu kennen und gerät in einen regelrechten Rausch.

Pietro, der die einfachen Freuden des Lebens zu schätzen weiß, gefällt der Trubel in Venedig. Wenn er in der Stadt ist, besucht er seinen Bruder in der Pietà, wo dieser als Cembalolehrer arbeitet.

Um die zahlreichen Verehrer abzuwehren, die den Mädchen den Hof machen, hat die Mutter Oberin die resoluteste Nonne mit der Bewachung des Eingangs betraut. Die Pförtnerin empfängt Pietro mit einem tiefen Seufzer und fragt ihn nach dem Grund und der Dauer seines Besuchs, ehe sie umständlich die Tür aufschließt. Tagsüber wird die Anwesenheit von Männern innerhalb der Klostermauern geduldet. Allerdings müssen sie einen triftigen Grund für ihren Besuch nennen und bis zum Abend wieder verschwinden.

»Du siehst gut aus. Ich freue mich, dich zu sehen.«
»Mir tun die Füße weh, aber ich habe Holz bekommen. Sehr gutes Holz.«
»Und ich habe eine interessante Entdeckung gemacht!«
»Vor allem siehst du immer mehr wie ein Benediktinermönch aus. Laß dich anschauen.«
Pietro tritt einen Schritt zurück, um den rundlichen Bauch seines Bruders zu mustern.
»Ich habe ein Traktat über Chelonomie gefunden.«
»Was ist denn das?«
»Die Kunst des perfekten Geigenbaus.«
»Wir haben uns zwei Jahre nicht gesehen, und du kommst mir schon wieder mit deinen Geschichten.«
»Es ist wichtig. Hör mir zu.«
»Ich höre dir ja zu.«
»Der Ursprung der Geige! Weißt du, wo die erste Geige herkommt?«
»Na ja ... Aus Cremona, woher denn sonst?«
»Richtig, in Cremona sind die ersten Geigen gebaut worden. Und ich habe jetzt endlich herausgefunden, warum sie sich, anders als viele andere Instrumente, durchgesetzt haben.«
»Warum denn?«
»Dank Andrea Amati. Der Mann ist das eigentliche Genie von Cremona.«
»Und was ist mit Stradivari?«
»Stradivari tut nichts weiter, als das anzuwenden, was Amati hundertfünfzig Jahre vor ihm erfunden hat.«
»Nun gut, aber ...«
»1555 ließ Katharina von Medici eine Gruppe florentinischer Musiker unter Balthazar de Beaujoyeux in die Tuilerien kommen. Einer der Musiker brachte ein neues Instrument mit, das eine eigene Melodie spielen konnte.

Es war sogar möglich, gleichzeitig auf ihm zu musizieren und zu tanzen. Der Hof war entzückt.«

»Du willst mir doch wohl nicht erzählen, nur deshalb sei Cremona zur Hauptstadt des Geigenbaus geworden?«

»Doch! Wegen Amati mußten alle Handwerker in Hamburg, Venedig oder Paris, die zuvor Gamben, Theorben oder Zittern gefertigt hatten, lernen, Geigen zu bauen.«

»Sie wußten nicht, wie man eine Geige baut?«

»Es gab sie ja noch gar nicht! Die Begeisterung für die Violine, deren Töne bis hinab in die finstersten Kerker des Palastes drangen, nahm kein Ende. Ihre sinnliche Form räumte selbst die Bedenken derjenigen aus, für die die Drehleier der Inbegriff eines vollkommenen Instruments war. Ganze musikalische Traditionen gingen innerhalb weniger Jahrzehnte unter.«

Pietro wird klar, daß sein Bruder im Begriff ist, die Geschichte seines Berufstands zu enthüllen. Die Geigenbauer aus Cremona ahnen zwar, daß sie der Amati-Familie viel zu verdanken haben, wissen aber wenig über die Ursprünge ihres Handwerks. Seine Neugier ist geweckt.

»Die Geige fand also in Paris Anklang. Und wie ging es dann weiter?«

»König Heinrich starb bei einem Turnier, als sein Gegner ihm eine Lanze ins Auge bohrte. Der älteste Sohn wurde sein Nachfolger, doch eine unbehandelte Mittelohrentzündung raffte auch ihn dahin. Dann übernahm Katharina die Regentschaft, bis ihr Sohn Karl alt genug war, den Thron zu besteigen.«

»Jetzt verstehe ich gar nichts mehr.«

»Das ist doch nicht so schwer. Katharina von Medici war die erste, die die Qualitäten des neuen Instruments erkannte. Sie bestellte bei Amati drei Dutzend Violinen, wies ihre Musiker an, bei Beaujoyeux' Truppe Unterricht zu nehmen, und ließ das Orchester für die Krönungszeremonie in Reims mit dem Wappen Karls IX. schmücken.«

»Ja, das wußte ich. Sie hat Instrumente für ein ganzes Orchester beim alten Amati in Auftrag gegeben.«

»Vierundzwanzig Geigen, sechs Bratschen und sechs Celli. Es ist das einzige Orchester, das jemals mit Instrumenten von ein und demselben Geigenbauer gespielt hat.«

»Tatsächlich?«

»Dann nahm sie das Orchester zweieinhalb Jahre mit sich auf eine Reise durch die Provinz.«

»Warum das?«

»Als Beweis ihrer Macht und um der Bevölkerung den neuen König vorzuführen, der damals erst dreizehn Jahre alt war.«

»Wie einen Tanzbären auf dem Jahrmarkt?«

»So ungefähr.«

»Jedenfalls hat auch Amati Holz aus dem Val di Fiemme verarbeitet.«

»Es ist unglaublich! Alles geht auf diesen Mann zurück: die Herkunft des Holzes, die Zusammensetzung des Lacks und sogar die Idee, die Geigen am Hof unterzubringen.«

»Jetzt übertreibst du aber.«

»Du weißt genau, daß die Instrumente, die vor ihm gebaut wurden, schlecht klangen und unförmig waren.«

»Die Zeiten haben sich geändert. Früher stellten die Musiker ihre Instrumente selbst her.«

»Sag ich ja. Andrea Amati war der erste, der seine Geigen namentlich kennzeichnete und von seinem Handwerk leben konnte. Ihm verdankt ihr alles.«

Im Herzen der Stadt, gegenüber der Dominikanerkirche, stehen die Häuser, die den Ruf Cremonas als Wiege des Geigenbaus begründet haben. Wie in jeder Stadt dieser Größe gibt es auch hier ein gutes Dutzend Klöster. Doch anders als andere Städte verfügt Cremona über vier große Geigenbauwerkstätten.

Die Casa Amati ist die älteste und imposanteste. Das Haus steht an der Ecke des Platzes, seine bröckelnde Fassade zeugt vom einstigen Wohlstand der Familie. Hier hatte der Musiker aus Florenz die Violine gekauft, die am französischen Hof Furore machte. Die Casa Ruggeri, in der es drunter und drüber geht, steht hinter dem Dominikanerkloster, die Casa Guarneri und die Casa Stradivari liegen der Basilica di San Domenico gegenüber. Im Parterre der beiden dreistöckigen Häuser befinden sich die Werkstätten, im ersten und zweiten Stock die Wohnräume. Unter dem Dach gibt es den sogenannten *seccadour*, eine Art Trockenboden, wo die Wäsche aufgehängt wird und die frisch lackierten Geigen lagern. Eine Sackgasse, die hinter den Häusern Amati, Guarneri und Stradivari verläuft, dient als Freiluftwerkstatt für schmutzige Arbeiten. Dort wird das Harz gekocht, ein Hauptbestandteil des Lacks. Außerdem ist die Gasse ein Umschlagplatz für Rezepte, Tratsch und Waren.

Ein Junge kommt angerannt, stößt die Ladentür auf und ruft dem alten Stradivari, der hinten in der Werkstatt sitzt, zu:

»Pietro ist wieder da! Seine Maultiere sind völlig geschafft ... Und er hat ganz viel Holz mitgebracht, sogar Ebenholz.«

Das Verhalten Antonio Stradivaris gegenüber seinen Mitbürgern ist von einer gewissen Gleichgültigkeit geprägt, die gemeinhin als Überheblichkeit gewertet wird. Er spricht nicht viel und geht nur selten aus. Doch jetzt streift er seine Filzjacke über und eilt dem Händler entgegen.

Wortlos tastet er das Holz ab, das auf dem Boden gestapelt ist. Als Pietro, der sich um die Tiere gekümmert hat, herbeikommt und ihn begrüßt, verzieht Stradivari mißmutig das Gesicht und gibt ihm mit verschlossener

Miene flüchtig die Hand. Es scheint, als wollte er sich nicht von dem ablenken lassen, was seine faltigen Hände ihm über das Holz erzählen. Seine Augen bestätigen das Urteil der Fingerspitzen. Es handelt sich tatsächlich um Holz allerbester Qualität. Antonio fragt nach dem Stückpreis, überschlägt die Summe im Kopf und erkundigt sich dann nach dem Preis für den gesamten Posten.

Die Frage bringt Pietro in Verlegenheit. Zwar hat er das Holz auf dem Rücken seiner Maultiere hergebracht, um es zu verkaufen, und darum ist es wichtig, daß es Stradivari gefällt. Dann kann er die Nachricht nämlich bei der Konkurrenz verbreiten und die Preise in die Höhe treiben. Doch wenn er Stradivari jetzt alles überläßt, ist ihm dieser Weg versperrt. Außerdem hat er den alten Antonio im Verdacht, das Holz an seine Zunftbrüder weiterverkaufen zu wollen.

»Ich bleibe dabei: eine Dukate das Stück und drei für die Celli.«

»Halsabschneider! Hast du vergessen, daß ich dich alles über deinen Beruf gelehrt habe? Vierzig Dukaten für den ganzen Posten. Mehr zahle ich nicht.«

Die Worte des Alten sind ein Befehl, dem Pietro sich nicht zu widersetzen wagt. Er protestiert der Form halber, bevor er mit einem starren Lächeln nachgibt. Insgeheim macht er den Alten dafür verantwortlich, daß er selbst nicht vom Geigenbau leben kann, da die Anmut von Stradivaris Instrumenten ihn gezwungen hat, seinen Beruf an den Nagel zu hängen.

»Hast du auch Ahorn im Angebot?«

»Zwei Stücke werden mir nächsten Monat geliefert.«

»Und ich brauche Elfenbein.«

»Es gibt kein Elfenbein. Der Abdecker ist krank. Er hat Fieber, weil er eine Meeresschildkröte gegessen hat.«

Stradivari sieht den Händler scharf an.

»Nur ein Hinterwäldler wie du kann sich so einen Unsinn ausdenken. Bring das Holz in meine Werkstatt und gib mir Bescheid, wenn der Ahorn eingetroffen ist. Ich will ihn als erster sehen.«

Trotz seines Alters und seines Wohlstands zwingt Stradivari seiner Familie ein spartanisches Leben auf. Die Söhne leiden unter seiner Strenge und der ständigen Bevormundung. Bisweilen versucht Omobono, sich seinem Griff zu entwinden, indem er auf eigene Faust Instrumente herstellt. Obwohl sie solide und ordentlich gearbeitet sind, fehlt ihnen das gewisse Etwas, das eine Stradivari-Geige ausmacht. Vor allem aber zeugen sie vom Unabhängigkeitsstreben ihres Erbauers, das der Rest der Familie mißbilligt. Der Vater befindet, Omobonos Geigen seien Erzeugnisse seiner Werkstatt, und nimmt sich daher das Recht heraus, sie mit folgendem Einkleber zu versehen: *Sotto la disciplina d'Antonio Stradivari F. in Cremona 1...* (»Erbaut in Cremona unter Antonio Stradivari im Jahre 1...«) Anschließend verkauft er die Geigen für eine lächerliche Summe, von der Omobono keinen roten Heller sieht.

Die Spannungen zwischen den beiden Männern gehen auf einen alten Streit zurück. Stradivari hatte seinem Sohn einen Teil seiner Ersparnisse geliehen, als dieser sich vor Jahren in Neapel niederlassen wollte. Doch Omobono verpulverte das sauer verdiente Geld seines Vaters und kehrte reumütig nach Hause zurück.

Das Verhältnis zwischen Stradivari und seinem ältesten Sohn ist unkomplizierter. Nach dreißig Jahren, in denen sie Seite an Seite geschuftet haben, ist Francescos Unmut geschwunden, als wäre er im Alltagstrott versunken. Antonio findet kaum noch einen Anlaß für einen seiner gefürchteten Tobsuchtsanfälle, die die Werkstatt einst heimsuchten. Die ständigen Streitereien sind mürrischem Schweigen gewichen. Meist verständigen sich Antonio und Francesco wortlos. Wenn der Alte ein Werkzeug benötigt, braucht er nur seine knorrige Hand auszustrecken, und wenn es ihm in der Werkstatt zu unordentlich ist, tritt er gegen die herumliegenden Holzstücke oder fegt zornig Hobelspäne von der Werkbank.

Die Casa Stradivari ist eine abgeschottete Welt, in der emsig alles hergestellt wird, was die Kunden verlangen: Harfen, Gitarren, Mandolen, Zithern, Gamben und Bratschen. Ab und zu baut Stradivari sogar einen Resonanzboden für ein beschädigtes Cembalo. Auch Bögen, Lauten und Theorben gehören zum Repertoire des Geigenbauers.

Da er des Lesens und Schreibens kundig ist und auch mit seinen Zeichnungen von Streichinstrumenten zu beeindrucken vermag, ist Stradivari in der Zunft ein angesehener Mann. Er fertigt kunstvolle Entwürfe an und baut seine Instrumente nach diesen Vorlagen, wofür ihm seine Lehrjahre als Holzschnitzer zugute kommen. Die Formen seiner Geigen, die von außergewöhnlicher Anmut sind, scheinen ihm nie ganz zuzusagen. Ständig verändert er sie, verlängert, verkürzt oder verbreitert den Korpus, kehrt zu einem zwanzig Jahre alten Modell zurück, nur um es nach einigen Monaten wieder zu verwerfen. Trotzdem ist die Stoßrichtung seiner Forschungen deutlich erkennbar. Sie wird von den Ansprüchen der Musiker vorgegeben, die alle dasselbe wollen: Instrumente, die gut klingen und einfach zu handhaben sind. Der stark gewölbte Korpus aus Stradivaris Anfangszeit weicht im Laufe der Jahre flacheren Modellen mit besserem Klang. Für seine Skizzen verwendet er Zirkel und Lineal und gebraucht Techniken, die allen Künstlern der Zeit vertraut sind. Die Konstruktion einer Kathedrale und der Bau einer Geige folgen der gleichen Proportionslehre und dem gleichen Streben nach Harmonie. An seinem Zeichentisch entwirft Stradivari nicht nur Geigen, sondern auch Bogenfrösche und zierliche schmiedeeiserne Verschlüsse für Geigenkoffer. Außerdem baut er Schablonen für Klötze, Schnecken und Schallöcher sowie ein Biegeeisen zum Biegen der Zargen.

Die eiserne Disziplin ist ein Bollwerk gegen die Unwägbarkeiten der Außenwelt. Nur wenn gelegentlich einmal ein Kunde das Haus betritt, dringen frische Luft, Worte und Straßenlärm ins Innere der Werkstatt. Für einen Moment gibt Stradivari den leutseligen Gastgeber, der scherzt und sogar seine Söhne lobt. Doch mit den Jahren geschieht dies immer seltener, der Alte verschanzt sich mehr und mehr hinter einer Mauer des Schweigens.

Die Besucher der Casa Stradivari kennen den mürrischen Charakter des alten Geigenbauers. Sie nähern sich ihm vorsichtig und wissen, daß ein paar geschickte Komplimente und Schmeicheleien dem Geschäft zuträglich sind. Die Musiker, die bei ihm ihre Arbeitsgeräte kaufen, legen vor allem Wert auf Klang, Handlichkeit und einen guten Preis. Könige und andere Herrscher bestellen oftmals gleich mehrere Instrumente für ihre Hofmusiker. Dem Herzog von Modena mußte Stradivari eigenhändig ein Cello überbringen, weil dieser unbedingt den Handwerker kennenlernen wollte, von dem alle Welt sprach. Eines Tages bekam Stradivari von einem reichen Kunden sogar den Auftrag, Edelsteine in die Wirbel eines Cellos einzusetzen. Ein anderes Mal mußte er Tag und Nacht arbeiten, um zwölf Geigen für den Musikdirektor am Dresdener Hof fertigzustellen, einen Freund Johann Sebastian Bachs.

Diese größeren Aufträge fielen alle in die 1690er Jahre, eine Zeit des Friedens und Wohlstands nach zwei Jahrzehnten spanischer Herrschaft. Es war das goldene Zeitalter des Cremoneser Geigenbaus. Die vier Geigenbauer-Familien, die jeweils auf bestimmte Instrumente spezialisiert waren, hatten alle Hände voll zu tun und teilten sich die Arbeit untereinander auf.

Die Ruggeri fertigten vor allem Kontrabässe und Celli, für die sie Pappelholz aus der Poebene verwendeten – ein leichtes, einfach zu verarbeitendes Material mit dunklem Klang. Ihre Instrumente kosteten acht Dukaten das Stück.

Girolamo Amati, der Urenkel des Erfinders der Violine und Erbe der renommierten Werkstatt, setzte alles daran, sich Stradivari gegenüber zu behaupten. Seine Instrumente kosteten zwölf Dukaten.

Andrea Guarneri, lange Zeit ein treuer Schüler Niccolò Amatis, hatte kurz zuvor eine eigene Werkstatt eröffnet. Obwohl er nicht mehr der jüngste war, baute er zahlreiche Instrumente: seine Geigen, die denen Amatis bis ins kleinste Detail glichen, kosteten zehn Dukaten, weil sie nur einen Guarneri-Zettel trugen.

Stradivari besaß seit vierundzwanzig Jahren eine eigene Werkstatt. Nachdem er lange Zeit wie ein Löwe gekämpft hatte, unterstrich er seine Vormachtstellung nun, indem er die Früchte seiner Arbeit für achtzehn Dukaten verkaufte. Für manche Sonderanfertigungen nahm er sogar bis zu sechsundzwanzig Dukaten.

Mit der Zeit machten sich die Kunden in den Cremoneser Werkstätten rar, was auf die turbulenten Entwicklungen am Hof der Habsburger in Madrid zurückzuführen war. Nachdem es ihm nicht gelungen war, einen Sohn zu zeugen, bestimmte König Karl II. auf dem Sterbebett den Bourbonen Philipp V., den Enkel Ludwigs XIV., zu seinem Nachfolger. Nun waren die Königreiche Frankreich und Spanien verwandtschaftlich verbunden. Die anderen europäischen Monarchien fühlten sich von dem aufstrebenden Reich bedroht und schlossen sich zusammen. Der spanische Erbfolgekrieg begann.

Cremona, lange Zeit Kriegsschauplatz, erholte sich gerade mühsam von den Folgen, als der Po im Abstand von wenigen Jahren zwei Mal über die Ufer trat und die Ebene verwüstete, wie um das menschliche Zerstörungswerk zu vollenden. Das Wirtschaftsleben in den angrenzenden Herzogtümern, die sich noch nicht zu einem vereinten Italien zusammengeschlossen hatten, nahm schweren Schaden.

Der Niedergang der Cremoneser Geigenbauschule war nur eine Facette der politischen Umwälzungen auf der Apenninhalbinsel. Seit der Genueser Christoph Kolumbus neue Seerouten entdeckt hatte, verlagerte sich der Handel von der Mittelmeer- an die Atlantikküste. Das Königreich Spanien war dem Goldfieber der Neuen Welt verfallen und verlor das Interesse an seinen einstigen Einflußgebieten.

Seltsamerweise sind sämtliche Cremoneser Geigen, die in der Hochzeit des ausklingenden 17. Jahrhunderts gebaut wurden, zwar handwerklich hervorragend gearbeitet, ihr Klang ist aber recht sanft und etwas kraftlos. Dann brachen die schlechten Zeiten an, die Zahl der hergestellten Instrumente nahm stetig ab, während ihr Klang reicher und kräftiger wurde – ganz so, als hätte zuvor die schiere Menge an Geigen den Klang verwässert oder als hätten die Cremoneser Geigenbauer ab 1700 einen grandiosen Schwanengesang angestimmt, um der Welt vom baldigen Ende einer Schule zu künden, die bis heute ihresgleichen sucht.

Dank seiner großen Vorräte an Holz, fertigen Instrumenten und Goldmünzen übersteht Stradivari die schweren Zeiten besser als seine Kollegen. Seine Verbindungen zu Herzogen und Königen bewahren ihn vor dem Bankrott, der die Familie Amati ereilt. Auch wenn es nicht mehr so viele Aufträge gibt, ergänzen sich Antonios Wissen, die harte Arbeit seiner Söhne und die Güte von Pietros Holz aufs Beste. Die Instrumente, die ab 1710 in Stradivaris Werkstatt gebaut werden, sind die vollkommensten Violinen aller Zeiten.

Die Inschrift ANTONIO STRADIVARI, die in großen lateinischen Lettern in den Türsturz aus Eiche geschnitzt ist, weist allen, die lesen können, den Weg zum Allerheiligsten des Geigenbaus.

Guarneri hat sich von Stradivari ausstechen lassen. Er versieht nur noch die Hälfte seiner Instrumente mit seinem Namen, um die Abgaben zu sparen, mit denen der spanische König den Krieg finanziert. Einer seiner Söhne mußte Cremona sogar verlassen und sich als Musiker am Hof von Mantua verdingen.

Die Casa Amati ist bereits untergegangen, die Casa Ruggeri kämpft vergeblich ums Überleben.

Der Abgesandte Philipps V., des Königs von Spanien und seiner Überseekolonien, betritt die Werkstatt, seine Absätze klacken auf dem Steinboden.

Stradivari eilt ihm entgegen und küßt ihm ehrerbietig die Hand. Sobald er sich nach der Gesundheit des Monarchen erkundigt hat, fragt er besorgt nach den Instrumenten, die er bislang an den Hof geliefert hat.

Während er den Gesandten durch die Werkstatt führt, läßt er beiläufig die Namen der hohen Persönlichkeiten fallen, für die die halbfertigen Geigen bestimmt sind. Dann steigt er die Treppe zum *seccadour* hinauf und holt zwei frisch lackierte Geigen herunter in die Werkstatt. Aus praktischen Gründen werden Geigen immer paarweise hergestellt. So kann man an der einen weiterarbeiten, während der Leim der anderen trocknet. Auf diese Weise entstehen zwei sehr ähnliche Instrumente. Die beiden, die Stradivari nun in der Hand hält, sind beinahe Zwillinge. Sie sind aus der Fichte des Val di Fiemme gefertigt.

Es ist die Aufgabe des Abgesandten, die Geigen auszuprobieren und eine für den König auszuwählen, denn Philipp V. legt größten Wert auf Anmut und Klang seiner Instrumente.

In blindem Glauben erzogen, hofft der Herrscher auf die Macht der Musik und gar darauf, daß sie ihn von den Pocken heilt, die seinen Körper zerfressen. Die Angst vor dem Höllenfeuer läßt ihm keine Ruhe, Tobsuchtsanfälle wechseln sich mit Zeiten der Schwermut ab. Währenddessen nutzt seine Gemahlin Elisabetta Farnese seine geistige

Umnachtung, um die Geschicke des Königreichs zu lenken. Die Geigen aus dem fernen Herzogtum Mailand verfügen in den Augen des Königs über Heilkräfte, weshalb sich der Musikmeister in seiner Auswahl nicht irren darf.

Als Stradivari dem Spanier die Geige zeigt, stößt dieser einen leisen Seufzer aus. Er betrachtet sie von allen Seiten, tritt zum Fenster und überreicht sie dann wieder ihrem Erbauer, ohne auch nur eine Saite angeschlagen zu haben. Als er die zweite Geige in die Hand nimmt, schnalzt er unwillig mit der Zunge.

»*E troppo rosso!*« ruft er aus.

Stradivari läßt ihn die Worte wiederholen.

»*Troppo rosso! Troppo rosso!*«

Antonio läuft rot an, mit einem Ruck entreißt er seinem Gegenüber das Instrument und setzt ihn vor die Tür.

»Dieser vorlaute Spanier ist blind wie ein Maulwurf.«

Seit fast fünfzig Jahren haben die Geigenbauer von Cremona große Anstrengungen unternommen, um das tiefe Rot zu erzeugen, das Aushängeschild der Cremoneser Schule. Um diese kräftige Farbe zu erzeugen, muß der Lack stundenlang kochen. Die zähe Masse, die Stradivari mit dem Pinsel auf seine Geigen aufträgt, erinnert fast an Karamel. Es ist das dunkelste Rot, das jemals verwendet wurde.

Doch der Auftraggeber ist nicht irgendwer, und weil Cremona zur spanischen Krone gehört, muß sich Stradivari dem Wunsch des Abgesandten beugen. Um die Wogen zu glätten, fertigt er im folgenden Jahr fünf Geigen an, die mit Blumenmotiven und Jagdszenen verziert sind und deren hellerer Farbton den Geschmack des Königs treffen soll. Doch wie es das Schicksal will, haben inzwischen österreichische Truppen das Herzogtum Cremona erobert. Der Abgesandte Philipps V. läßt sich nicht mehr blicken, die Instrumente sind ein unbequemer Beweis für die Zusammenarbeit Stradivaris mit dem unterlegenen spanischen König. Antonio versteckt die Geigen in einem Schuppen, wo sie besserer Zeiten harren, und klagt über die finanziellen Verluste, die ihm die Unwägbarkeiten der Politik bescheren.

Durch das offene Fenster beobachtet Stradivari die österreichischen Truppen. Nach zahlreichen Plünderungen sind die Bewohner Cremonas auf der Hut. Erst einige Monate nach dem Einmarsch entspannt sich die Lage und ein reger Tauschhandel setzt ein. Das Geschäft mit Geigen ist allerdings völlig zum Erliegen gekommen. Die Handwerker haben schwere Monate hinter sich. Bald quillt die Stadt vor fertigen Instrumenten förmlich über. Stradivari bleibt nichts übrig, als sie hinten in der Werkstatt an einer Leine aufzuhängen.

Eines Morgens drückt sich ein von zwei Händen gerahmtes Gesicht gegen die Fensterscheibe. Durch das beschlagene Glas starrt ein Fremder ungeniert und sichtlich entzückt in die Werkstatt. Voller Wut über dieses ungehobelte Benehmen stürzt Stradivari aus der Tür.

Der neugierige Fremde stellt sich mit einem breiten Grinsen vor und erklärt, daß er in der österreichischen Armee diene.

»Soldat. Flöte.«

Zur Veranschaulichung seiner Worte marschiert er im Stechschritt auf und ab und fügt hinzu:

»Geigen, Geigen.«

Stradivari bittet ihn herein, führt ihn in der Werkstatt herum und reicht ihm schließlich eine der Geigen, die der Spanier verschmäht hat. An der Art und Weise, wie der Soldat sie hält, sieht Stradivari, daß er es mit einem Musiker zu tun hat. Der Eindruck bestätigt sich, als zu Stradivaris Vergnügen eine Melodie die Werkstatt erfüllt. Schon lange hat der Geigenbauer nicht mehr die Freude gehabt, jemanden auf seinen Instrumenten spielen zu hören. Offensichtlich hat der junge Flötenspieler eine musikalische Ausbildung genossen und versteht sein Metier. Die beiden vereinbaren, daß er einmal die Woche zum Üben kommen darf.

Die Freundschaft zwischen dem Soldaten und Antonio gereicht beiden zum Vorteil. Nachdem die Österreicher Stradivari einige Vorrechte gewährt haben, stellt er ihnen im Gegenzug die Geige für eine ihrer Zeremonien zur Verfügung. Der junge Musiker, dem Stradivari die

Geige ausleiht, verwahrt sie in einem Lederbeutel und hütet sie wie seinen Augapfel.

Eines Tages im Mai 1716 kommt der Österreicher in heller Aufregung in die Werkstatt gestürzt.

»Der Krieg ist vorbei, ich kehre nach Hause zurück.«

Er zieht einen zerknitterten Schein und eine Handvoll Silbermünzen aus der Tasche.

»Verkaufen Sie mir die Geige. Wir sind füreinander geschaffen.«

»Unmöglich!«

»Das ist mein ganzer Sold, mehr kann ich Ihnen nicht geben. Nur meinen Dank dafür, daß Sie mich die letzten beiden Jahre auf ihr haben spielen lassen.«

»Diese Geige ist für Philipp V. gebaut worden, und sie kostet mindestens das Doppelte.«

Als er das verzweifelte Gesicht des Freundes sieht, gibt sich Stradivari geschlagen. Die Geige ist ohnehin nicht mehr neu und daher nur schwer zu verkaufen. Außerdem ist er froh, daß etwas Geld in die Kasse kommt.

Zwölf Tage später findet Antonio einen Leinensack vor der Werkstattür. Er hat eine böse Vorahnung. Der Beutel wiegt nicht viel, und der Stoff hat schwarze Flecken. Als er ihn hochhebt, hört er das charakteristische Geräusch von verhedderten Holzteilen und Saiten. Stradivari schiebt die Holzspäne von seiner Werkbank und fegt den Staub mit dem Ärmel zu Boden. Vorsichtig läßt er die Überreste der roten Geige aus dem Sack gleiten. Seine Söhne starren sprachlos auf das zertrümmerte Instrument. Endlose Sekunden lang wagt niemand zu atmen oder sich zu bewegen. Dann breitet Antonio die Bruchstücke auf der Bank aus und ordnet sie wie Puzzleteile zu kläglichen Häufchen.

Obgleich sie Nachforschungen anstellen und sämtliche Nachbarn und Offiziere der Garnison befragen, bleibt im dunkeln, was geschehen ist.

Die Trümmer der Geige landen in der Kiste für mißratene Instrumente. Nur die Schnecke, die heil geblieben ist, schmirgelt Stradivari ab und setzt sie einer anderen Geige auf.

Im Jahr 1737 geht es mit Stradivaris Gesundheit bergab. Er muß monatelang das Bett hüten und hat sich wundgelegen. Von der Arthrose sind seine Gelenke geschwollen und bereiten ihm stechende Schmerzen, die auch heiße Breiumschläge nicht zu lindern vermögen. Seit dem Tod seiner zweiten Frau ist seine Lebenslust geschwunden. Er fühlt sich von Tag zu Tag kraftloser, und die Luft, die er rasselnd einatmet, schmeckt schal. Das feine Sägemehl hat seine Atemwege zugesetzt, der widerwärtige Gestank, der seinem Mund entweicht, kündet von einem baldigen Ende.

Stradivari ist dreiundneunzig und damit um ein Dreifaches älter als die meisten seiner Zeitgenossen bei ihrem Tod. Er hat die Pest und sämtliche Grippeepidemien überlebt, mit den größten Musikern seiner Zeit verkehrt, Bischöfe und Herzöge empfangen. Mehr als tausendzweihundert Instrumente tragen seinen Namen und mehren seinen Ruhm mit ihrem wundervollen Klang.

Er blickt mit Stolz auf ein erfülltes Leben zurück, was dem Gedanken an den Tod seinen Schrecken nimmt.

Am 18. Dezember, als der Winter Cremona schon seit einer Woche fest im Griff hat, spürt der im Sterben liegende Stradivari plötzlich neue Kräfte. Er steht mitten in der Nacht auf, streift sich mühsam den Morgenmantel über, rückt die Wollmütze zurecht und steigt hinunter in die Werkstatt.

Er ist überrascht, dort eine fertige, allerdings noch unlackierte Geige vorzufinden. Ein bisher unbekanntes Gefühl überwältigt ihn: Er hält die Arbeit seiner Söhne in den Händen. Ohne sich das Instrument näher anzusehen, weiß er, daß es ein Prachtstück ist.

In diesem Moment würde er seine Söhne zum ersten Mal gern in den Arm nehmen und ihnen danken. Eine Träne rinnt ihm über die Wange und tropft auf den Boden. Doch seine Füße, die es nicht mehr gewohnt sind, auf dem harten Stein zu stehen, beginnen zu schmerzen. Er greift nach einem Geigenzettel mit der Aufschrift *Antonius Stradivarius Cremonensis Faciebat Anno 1...*, fügt mit der Feder, die ihm in der Hand zittert, *d'anni 93* (im Alter von 93 Jahren) hinzu, ergänzt das Datum durch eine 7, eine 3 und eine 7 und klebt das Etikett ins Innere der Violine.

Dann streicht er ein letztes Mal über den Korpus und dankt Francesco und Omobono mit rauher Stimme für ihre Ergebenheit.

Als er ins Bett zurückgekehrt ist, stellt Antonio fest, daß seine Schmerzen verschwunden sind. Er lächelt bei dem Gedanken, daß mit der einen Träne alle Anspannung und alles Leiden aus ihm herausgeflossen sind. Dann schläft er für immer ein.

Francesco und Omobono sind mittlerweile sechsundsechzig und neunundfünfzig Jahre alt und können es kaum erwarten, den Lohn von vier Jahrzehnten in Händen zu halten. In ihrer Hast und wie um sich vom Groll zu befreien, verkaufen sie einen Teil des Holzvorrats und einige Werkzeuge an Carlo Bergonzi. Von dem Geld bezahlen sie die Beerdigung ihres Vaters. Stradivari wird an der Seite seiner beiden Frauen und fünf seiner Kinder in der Krypta der Dominikanerkirche gegenüber von seinem Haus beigesetzt.

Als sämtliche Kinder aus beiden Ehen Antonios versammelt sind, kann die Bestandsaufnahme der im Hinterzimmer der Werkstatt verborgenen Reichtümer beginnen. Francesco dreht den schmiedeeisernen Schlüssel im Schloß und läßt den Deckel der Schatulle aufspringen, während seine Geschwister ungeduldig mit den Füßen scharren. Lire, Dukatonen, Pistolen, Guineen und andere Goldmünzen funkeln ihnen entgegen. Nie haben Francesco und Omobono sich bisher der Schatulle auch nur nähern dürfen. Statt dessen mußten sie im Nebenzimmer schuften und schwitzen.

Nachdem sie gegessen und getrunken haben, läßt Francesco den Notar kommen, der den letzten Willen des Verstorbenen verliest. Bevor er auf die Einzelheiten eingeht, erläutert der Anwalt, wie Antonio seine Nachfolge geregelt hat.

Francesco erbt das Haus, alle Werkzeuge und die ungefähr hundert schon fertiggestellten Instrumente. Zu ihnen gehören auch die fünf Geigen, die Stradivari für den spanischen König gebaut hat, und die zweite Geige, die der Abgesandte Philipps V. für »troppo rosso« befunden hat. Außerdem wird der älteste Sohn als Testamentsvollstrecker eingesetzt und bekommt die Verantwortung für den Zusammenhalt der Familie übertragen.

Omobono erhält fünftausend Lire, abzüglich der zweitausend, die er vierzig Jahre zuvor in Neapel verschleudert hat und seinem Vater schuldig geblieben ist. Außerdem gehen sechs Geigen im Wert von tausend Lire in seinen Besitz über.

Paolo, der Jüngste, erbt ebenfalls fünftausend Lire und sechs Geigen, obwohl Antonio ihn bereits bei der

Eröffnung seines Geschäfts mit zwanzigtausend Lire unterstützt hat.

Die beiden anderen Brüder, die Mönche sind, erhalten ihren Anteil in Form einer monatlichen Pension aus den Darlehen, die Stradivari ihrer Ordensgemeinschaft gewährt hat.

Cattarina ist von ihren Eltern ins Kloster von Mantua geschickt worden, hat dem Klosterleben inzwischen aber den Rücken gekehrt. Sie muß sich mit einer symbolischen Summe von fünf *soldi* zufriedengeben, dem Viertel einer Cremoneser Lira. Sie bekommt zudem weiterhin die Zinsen des Geldes, das Antonio dem Kloster von Mantua geschenkt hat, und eine jährliche Pension von hundert Lire.

Die Aufteilung des Erbes liegt einigen am Tisch schwer im Magen.

Francesco ist die Sache unangenehm, und so versucht er, seine Geschwister aufzuheitern.

»Antonio wird seine Gründe gehabt habe. Ich bin der älteste Sohn und ...«

»Du hast schon immer den Löwenanteil eingestrichen, und außerdem bist du ein Großmaul.«

»Ich glaube, daß er den Löwenanteil bekommt, weil er ein Großmaul ist.«

»Weißt du, was es mich gekostet hat herzukommen? Fünf *soldi* reichen noch nicht einmal für die Reise.«

Francesco entschuldigt sich unbeholfen, während seine Schwester wutentbrannt aus dem Zimmer stürmt.

Von den elf Kindern Stradivaris hat nur eines selbst Nachkommen. Francesco und Omobono haben all ihre Kraft in die Geigen ihres Vaters gesteckt und nie geheiratet. Cattarina ist ihrem Keuschheitsgelübde treu geblieben, und die beiden Mönche leben im Kloster und versuchen die Bilder nackter Frauen aus ihren nächtlichen Träumen zu bannen. Nur Paolo, den Stradivari früh aus der Werkstatt entlassen hat, um einen Händler aus ihm zu machen, hat geheiratet und dem alten Geigenbauer Enkel geschenkt. Es scheint, als hätte Stradivari durch pure Willenskraft sogar die Fortpflanzung seiner Sprößlinge kontrollieren können. Vielleicht hat er im Alter erkannt, daß er seine beiden ältesten Sohne am Gängelband geführt und seine anderen Kinder ins Kloster gesperrt hat. Deshalb mag er Paolo die Verantwortung übertragen haben, für den Fortbestand der Familie zu sorgen.

Nach dem Tod des Vaters genießen Francesco und Omobono alles, was das Leben ihnen bisher vorenthalten hat. Müßiggang, Verschwendung, sexuelle Abenteuer – alles ist ihnen recht, um die lebenslange Enthaltsamkeit und Disziplin zu vergessen. Bald geben sich die Besucher wie in den besten Zeiten die Klinke in die Hand. Doch nun betreten keine Musiker mehr die Werkstatt, sondern Händler jeglicher Couleur, die keinerlei Interesse an den Instrumenten haben und von den Gerüchten über das gewaltige Erbe angelockt werden.

Nach einigen Monaten ist Francesco sein neues Leben leid, und so beschließt er, sich wieder an die Arbeit zu machen. Er nimmt ein besonders edles Holz zur Hand und beginnt mit dem Bau einer Geige. Fest entschlossen, sich nie wieder hetzen zu lassen, vollführt er seelenruhig jeden Handgriff. Im Grunde will er sich nur die Zeit vertreiben.

»Vivaldi ist tot!«

Der Musiker der Akademie von Cremona ist bleich wie ein Leichentuch. Wegen der engen Verbindungen zwischen Instrumentenbauern und Komponisten sind solche Nachrichten beunruhigend. Jeder große Violonist steht einer Geigenbauwerkstatt nahe. Monteverdi, der aus Cremona stammt, arbeitete mit Amati zusammen. Wenn ein Violinspieler in Mantua oder Venedig ein Instrument benötigte, gab er es bei dem Komponisten in Auftrag. Man sagt, Galileo habe dank seiner Hilfe nach langen Monaten des Wartens eine Amati bekommen. Vivaldi wiederum war mit einem Sohn Guarneris befreundet, der sich in Venedig niedergelassen hatte.

»Tot?«

Das verheißt nichts Gutes, denkt Francesco.

»Woher wissen Sie das?«

»Ein Dominikanermönch hat es mir soeben erzählt.«

»Venedig muß in Aufruhr sein.«

»Er ist nicht dort gestorben! Der Priester behauptet, er sei in Wien wie ein räudiger Hund verreckt.«

»Das kann nicht sein! Die Republik hält ihre Helden in Ehren.«

»Er ist an Kurzatmigkeit gestorben und hat nicht einmal eine anständige Beerdigung bekommen.«

»Wie ein Bettler?«

»Es heißt, er sei arm wie eine Kirchenmaus gewesen.«

»Wie kommt es, daß ein so hochgeschätzter Mann mittellos und fernab der Heimat stirbt?«

»Man kennt immer den Ort seiner Geburt, aber nie den seines Todes. Sie haben ihn einfach in einem Gemeinschaftsgrab verscharrt.«

Durch die Nachricht wird Francesco mit einem Mal bewußt, wie schlecht es um die Stradivari-Geigen steht. Die verlegenen Komplimente des Musikers ändern daran nichts. Er kann sich nicht länger etwas vormachen. Die Einlagen seiner Violinen, eine Verzierung am Rand des Korpus, sind unregelmäßig, seine Schallöcher ungelenk ausgesägt, der Lack ist stumpf.

Omobono arbeitet zwar etwas schneller als sein Bruder, erzielt aber noch miserablere Ergebnisse. Mit dem Tod des Vaters scheint die Farbe des Lacks ihre Kraft eingebüßt zu haben. Die Geigen der beiden Söhne können mit Antonios einfach nicht mithalten.

Omobono stirbt 1742, Francesco im Jahr darauf. Obgleich sie unter ihrem Vaters an der Herstellung von fast tausend Instrumenten beteiligt waren, tragen lediglich eine Handvoll Geigen ihre eigenen Namen.

Die Werkstatt geht in Paolos Besitz über, dem jüngsten Sohn aus Stradivaris zweiter Ehe. Der junge Mann schenkt den vielen Instrumenten, die er erbt, zunächst wenig Beachtung. Ihm gehört das größte Tuchgeschäft der Stadt, und er ist froh, der schmutzigen Knochenarbeit, der Antonio und seine Brüder nachgegangen sind, entkommen zu sein.

Sein berühmter Name, der für seine Geschäfte von großem Nutzen ist, wird ihm allmählich lästig. Er würde es vorziehen, für die Qualität seiner Stoffe geschätzt zu werden, anstatt ständig Besucher empfangen zu müssen, die den letzten Nachkommen der großen Geigenbauschule von Cremona kennenlernen wollen. Nachdem er herausgefunden hat, wer von den Interessenten einfach nur neugierig ist und wer sich tatsächlich eine Stradivari leisten kann, lädt er die Auserwählten zu sich ein.

Er nimmt die Bestellungen auf und beauftragt Bergonzi, der inzwischen die Casa Stradivari übernommen hat, die fehlenden Stimmstöcke, Wirbel und Stege anzufertigen.

Als er bemerkt, daß die Fremden sich nur für die Instrumente interessieren, die sein Vater eigenhändig gebaut hat, heckt Paolo einen Plan aus, wie er die Geigen mit der Aufschrift »*sotto la disciplina*« los wird. Er feuchtet die Geigenzettel an, löst sie vorsichtig ab und ersetzt sie durch solche, die Antonios Namen tragen. Bei dieser kleinen Schummelei empfindet er eine Erregung, die professionellen Fälschern vertraut ist.

Als tüchtiger Kaufmann gelingt es ihm auch, einen Interessenten für das verzierte Streichquintett zu finden, das ursprünglich für den spanischen König bestimmt war. Der schwindelerregende Preis, den Francesco dafür verlangte, ließ alle vorherigen Verkaufsversuche scheitern. Paolo ist stolz darauf, daß der Käufer diesen Preis dennoch bezahlt, da sich das spanische Königshaus fünfundsechzig Jahre lang in Schweigen gehüllt hat.

Cozio di Salabue, ein junger Adeliger aus Casale, einem Marktflecken zwischen Alessandria und Turin, ist Kadett des Kavallerieregiments von Saluzzo. Nach dem plötzlichen Tod seines Vaters hat er den Dienst an der Waffe aufgeben müssen, ein Geburtsrecht junger Männer seines Standes. Er ist achtzehn Jahre alt und trägt nun den Titel des Conte di Salabue.

Neben den Ländereien und dem Vermögen seines Vaters erbt er das Familienschloß samt Mobiliar. Die Ländereien sind so weitläufig, daß er mehrere Tage braucht, um alle Bauern zu besuchen, die seine Felder bestellen.

Bald schon werden Cozio die Pflichten, die ihm seine Stellung auferlegt, lästig. Er ist nicht mit den Sitten des Hochadels vertraut und zieht es vor, im Ruf des Exzentrikers zu stehen, anstatt in den Salons zum Tanz anzutreten.

Seit seiner Kindheit ist er ein Vogelnarr und verbringt einen Großteil seiner Zeit im Taubenschlag des Schlosses. Der gekachelte Boden läßt sich leicht von den Exkrementen reinigen, die dann als Dünger für die Olivenbäume verwendet werden. Die Überreste der ausgepreßten Oliven läßt Cozio als Kompost auf die Felder streuen, auf denen die Wicken angebaut werden, die wiederum den Vögeln als Futter dienen. Das Fleisch der Jungtauben ist zart und schmackhaft. Der Schloßherr würde sich am liebsten um nichts anderes kümmern als um die Taubenzucht, ein Adelsprivileg.

Er experimentiert mit der Zusammensetzung des Körnerfutters und beeinflußt so die Schlupfzyklen. Mit anderen Taubenliebhabern tauscht er Vögel aus, um Inzucht zu vermeiden und seine Sammlung zu vervollständigen. Zuweilen schickt er eine Brieftaube auf den Weg und läßt durch sie einem Bekannten eine Nachricht überbringen.

Besonders stolz ist er auf seine Purzler – große weiße Tauben mit einer Tolle auf dem Kopf, die atemberaubende Kunststücke vollführen. Im Frühling bringt er den Jungtieren mit Hilfe einer Pfeife das Fliegen bei. Auf sein Zeichen schlagen sie im Flug einen Purzelbaum oder lassen sich rückwärts fallen und fliegen dann einfach weiter. Die anderen Tauben umkreisen diese Akrobaten der Lüfte. Cozio steht mit einer Lockpfeife auf einem Hocker und diktiert mehr als hundert Vögeln seinen Willen. Auf sein Geheiß sammelt sich die Schar am Himmel der Lombardei und löst sich wieder auf.

Eines Tages entdeckt er in einem Schrank eine in Seidenpapier geschlagene Geige. Ratlos fragt er sich, wieso er nichts von ihr gewußt hat, und starrt gedankenverloren auf das Artefakt aus Holz, Lack und Saiten.

Er grübelt über die Herkunft der Violine nach, versucht, das lateinische Etikett im Innern zu entziffern, und beginnt schließlich, mit ihr zu sprechen, als sei sie ein Mensch.

Für ihn ist das Instrument eine Verbindung zu seinem Vater, und so beschließt er, dem Geheimnis der Geige auf den Grund zu gehen. Er verläßt das Schloß und unternimmt eine Reise. Unterwegs hört er von einem Handwerker in Turin, der vielleicht eine Antwort auf seine Fragen weiß.

Die Stadt ist fremd und abweisend, der Graf fühlt sich verloren ohne seine Diener. Er streift durch die Straßen und klopft schließlich an die Tür von Giovanni Batista Guadagninis bescheidenem Haus. Der Mann ist von kleinem Wuchs und recht schroff. Als er jedoch die Violine des jungen Adeligen sieht, bittet er ihn herein und betrachtet sie aufmerksam.

»Das ist eine Geige der Brüder.«

»Was?«

»Der Brüder Amati, Geronimo und Antonio.«

Cozio stellt sich dumm. Schließlich hat auch er den Geigenzettel gelesen, das Urteil des Geigenbauers ist nichts Neues für ihn.

»Wieviel wollen Sie für die Geige?«

»Ich verkaufe sie nicht. Sie hat meinem Vater gehört, und ich hänge sehr an ihr.«

Guadagnini geht wieder an die Arbeit und kehrt Cozio den Rücken. Dieser rührt sich nicht von der Stelle und sieht sich in der Werkstatt um: halbfertige Griffbretter, Zargenkränze, Böden, beschädigte Instrumente, Holzspäne. Auf allem liegt eine dicke Schicht Staub.

Das tiefe Schweigen in der Werkstatt wird mit der Zeit zu einem stillen Einverständnis. Cozio streicht über seine

Amati, während der Geigenbauer den Umriß eines Cellos auf ein großes Stück Buchenholz zeichnet.

»Wer waren diese Brüder, von denen Sie sprachen?«

»Die Söhne Andrea Amatis aus Cremona.«

»Ich verstehe nicht, warum mein Vater diese Geige besaß. Er konnte nicht darauf spielen und hatte von Musik keine Ahnung.«

»Na und?«

»Es wundert mich eben.«

»Je weniger man über solche Dinge weiß, desto größer ist ihre Anziehungskraft.«

»Wie meinen Sie das?«

»Ich arbeite seit fünfzig Jahren in diesem Beruf. Sie sind nicht der erste, der zu mir kommt.«

Der Graf sitzt auf einem Stuhl, sieht fasziniert der Entstehung des Cellos zu und hängt seinen Gedanken nach.

»Die Brüder Amati. Was ist aus ihnen geworden?«

»Die Pest hat sie dahingerafft.«

Das Gespräch versetzt Cozio in einen eigenartigen Zustand. Eine neue Obsession hat von ihm Besitz ergriffen, und er beschließt, sich ihr ganz und gar hinzugeben.

Einen Großteil seiner Zeit verbringt er bei dem Geigenbauer und beobachtet jeden Handgriff des alten Mannes. Zuweilen ringt er ihm sogar die eine oder andere Erklärung ab. Nachdem er seinen Widerwillen gegen die Stadt überwunden hat, lernt er mit Feuereifer alles über seine neue Leidenschaft.

Nach einigen Wochen ist ihm ganz schwindelig von den verschiedenen Gerüchen, die in der Werkstatt herrschen. Einen Tag riecht es nach Fichtenholz, am nächsten nach Rosenholz, aus dem die Wirbel gefertigt werden, und am übernächsten nach Leim, der in einem Wasserbad flüssig gehalten wird und dessen Gestank an fauligen Fisch erinnert. Der Staub des Ebenholzes kitzelt ihn in der Nase und bringt ihn zum Niesen. Sobald Guadagnini den Lack aufträgt, überdeckt das Lösungsmittel den Holzgeruch. Wenn draußen das Harz auf dem Feuer gekocht wird, legt sich für mehrere Tage ein beißender Rauch über die Straße. Als Cozio Guadagnini blauäugig fragt, aus welchen Zutaten der Lack bestehe, antwortet dieser tadelnd, das Rezept sei geheim und stamme von Antonio Stradivari.

Bei seinen Besuchen lernt Cozio, daß die Herstellung von Geigen etwas für Spezialisten ist. Guadagnini ist allerdings ein schlechter Lehrer und nicht gewillt, ihn das Handwerk zu lehren. Das Durcheinander in der Werkstatt ist für Cozio eine Herausforderung. Sein praktischer Sinn sagt ihm, daß einige Abläufe verbessert werden könnten.

Bald geht er einen Schritt weiter und gibt bei dem Alten ein Instrument in Auftrag, aus dem reinen Vergnügen, es vor seinen Augen entstehen zu sehen.

Guadagnini kocht insgeheim vor Wut, weil er den lästigen Kerl tagein tagaus in seiner Werkstatt dulden muß. Er darf nicht mehr fluchen, muß auf seine Manieren achten und einen Schwall von Fragen beantworten. Diese Übung in Selbstdisziplin zehrt ungemein an seinen Nerven. Manchmal flüchtet er aus der Werkstatt, genehmigt sich in der nächsten Taverne einen Pflaumenschnaps und spuckt den angestauten Haß auf den Grafen auf die Theke.

Der Adelige merkt durchaus, daß seine Anwesenheit den Geigenbauer stört, und versucht sich nützlich zu machen. Allerdings ist er im Umgang mit Werkzeugen nicht eben geschickt. Seine Erziehung hat ihm ein kluges Köpfchen, aber zwei linke Hände beschert. Er gibt sich dennoch die größte Mühe und greift zum Schnitzmesser und einem Stück Ahornholz, scheitert aber nach einer Stunde kläglich. Der Apotheker näht die klaffende Wunde in der linken Hand und holt den Adeligen damit wieder auf den Boden der Tatsachen zurück.

Am nächsten Tag mustert Guadagnini den jungen Mann. Er ist erleichtert, daß Cozio die Lust vergangen ist, das Geigenbauhandwerk zu erlernen.

»Wenn Sie sich nützlich machen wollen, schaffen Sie mir Kunden herbei. Ich brauche Arbeit. Sonst nichts.«

Cozio weiß, daß das Geschäft des alten Guadagnini nicht gut läuft, weil seit seiner Ankunft in Turin nur wenige Musiker die Werkstatt betreten haben.

Nach kurzem Nachdenken tritt er vor und greift sich mit Daumen und Zeigefinger ans Kinn:

»Ich mache Ihnen ein Angebot: Arbeiten Sie für mich.«

»Besser als andersherum.«

»Sind Sie einverstanden?«

»Wieviel zahlen Sie?«

»Ich werde Sie angemessen entlohnen. Ich kaufe Ihnen alles ab, was sie herstellen. Im Gegenzug müssen Sie alle anderen Kunden fortschicken.«

»Und wie hoch ist das Gehalt?«

»Ich zahle pro Stück, dreißig Turiner Lire für eine Violine.«

»Abgemacht.«

Guadagnini steht auf und streckt dem Grafen die Hand entgegen.

»Abgemacht«, antwortet Cozio, erfreut über seinen Erfolg.

Seine überstürzte Entscheidung wird Cozio noch bitter bereuen. Guadagnini ist ein Halsabschneider von fragwürdigem Talent, der in Turin gestrandet ist, nachdem er Piacenza, Mailand und Parma Hals über Kopf verlassen mußte. Dort wurden ihm krumme Geschäfte vorgeworfen, und Scharen von Gläubigern saßen ihm im Nacken. Als Oberhaupt einer Großfamilie ist er ständig pleite. Er verlangt stets, daß seine Kunden im voraus zahlen, nur um dann unweigerlich die Arbeit zu verpfuschen.

Dank seiner scharfen Beobachtungsgabe und seines guten Gedächtnisses entwickelt Cozio sich mit der Zeit zu einem wahren Geigenspezialisten und Sammler in großem Stil. Seine Zuträger sind Antiquitätenhändler, Musiklehrer und manchmal auch einfache Dorfschreiner, die ein Instrument reparieren sollen. Alle werden großzügig entlohnt, wenn er aufgrund ihrer Hinweise eine Geige kaufen kann.

Aus reiner Liebhaberei möchte er retten, was von der Cremoneser Schule noch zu retten ist. Die Qualität der Geigen hat seit Stradivaris Tod beständig abgenommen. Cozio fürchtet, daß das alte Wissen für immer verlorengehen könnte. Er fertigt Aufzeichnungen an, um die Geheimnisse des Handwerks, die bislang von Generation zu Generation mündlich weitergegeben wurden, auf Papier festzuhalten.

Insgeheim hegt der Graf die Hoffnung, eines Tages die große italienische Geigenbauschule wieder zum Leben zu erwecken. Als Guadagnini behauptet, aus Cremona zu stammen, und sich damit brüstet, Stradivaris letzter Schüler gewesen zu sein, beginnen Cozios Augen zu leuchten. Der Turiner, der tatsächlich alt genug ist, um Stradivari gekannt zu haben, scheint ihm der richtige Mann, um seine Mission zu erfüllen.

Guadagnini, der sich in Wahrheit alles selbst beigebracht hat, lügt mit schamloser Dreistigkeit. Doch es gelingt ihm, den jungen Cozio hinters Licht zu führen, obwohl seine Instrumente im Vergleich zu denen seines angeblichen Lehrmeisters unglaublich primitiv sind.

Auch wenn er noch nie in Cremona gewesen ist, kennt der Geigenbauer die Adresse von Paolo Stradivari. Cozio fragt Paolo über seinen berühmten Vater aus und erfährt staunend, daß der Tuchhändler immer noch einen Teil der Geigen besitzt, die er fünfunddreißig Jahre zuvor geerbt hat.

Nach langwierigen Verhandlungen über mehrere Mittelsmänner kauft der Adelige zwölf Geigen, zehn wurden von Antonio Stradivari gefertigt, zwei von seinem Sohn Francesco.

Unter ihnen befinden sich zwei außergewöhnliche Instrumente: eine völlig unversehrte hellrote Geige von 1716 und die »*troppo rosso*« von 1713, deren Lack an mehreren Stellen abgenutzt ist. Da noch nie auf ihnen gespielt worden ist, erzählen sie eine Menge über das Handwerk des Geigenbaus. Die schwachen Spuren des Zirkels und des Streichmaßes und sogar der Fliegenflügel, der im Lack eingeschlossen ist, sprechen eine deutliche Sprache, durch die Cozio seine Aufzeichnungen ergänzen kann. Von den Abnutzungen des täglichen Gebrauchs verschont, scheinen die Geigen in einen Dornröschenschlaf gesunken.

Im folgenden Jahr, als ihm klargeworden ist, daß Paolo ihm bei der Wiederbelebung der Tradition keine große Hilfe ist, weil er nicht vorhat, die Schablonen, Werkzeuge und Zeichnungen seines Vater jemals zu benutzen, kauft Cozio sämtliche Reliquien der Casa Stradivari.

Nachdem er seine Trophäen auf Guadagninis unaufgeräumter Werkbank ausgebreitet hat, befiehlt er ihm, von nun an nur noch nach den Vorlagen des Meisters zu arbeiten. Die Forderung, der Cozio unzählige Ratschläge hinterherschickt, bringt Guadagnini in Rage. Seiner Meinung nach hat der Graf etwas zu schnell die Rolle des Schülers mit der des Lehrers getauscht. Seine klammen Finanzen lassen ihn jedoch klein beigeben, unter Murren erfüllt er Cozios Wünsche.

Doch seine Mühen sind vergeblich. Trotz einiger Verbesserungen sind seine Geigen immer noch grobschlächtig und unansehnlich. Sein karminroter Lack ist ein billiger Abklatsch der Farbe der »*troppo rosso*«. Da er nach Stück bezahlt wird, baut Guadagnini so viele Geigen wie möglich. So bekommt der verzweifelte Cozio unzählige Instrumente geliefert, die er nicht weiterverkaufen kann. Bald besitzt er über fünfzig Geigen. Seine Obsession entwickelt sich allmählich zu einem teuren Vergnügen.

Glücklicherweise hat Guadagnini auch einige gute Seiten. Auf seinen Wanderschaften hat er zahlreiche Instrumente repariert und weiß deshalb, wo sich die wertvollen Geigen aus Cremona befinden, an die Cozio sein Herz gehängt hat. Um aus seinem Wissen Gewinn zu schlagen, gibt er die Adressen an den Grafen weiter und wird dafür großzügig entlohnt. Cozio liebt diese Jagdpartien. Er entpuppt sich als geschickter Verhandler und macht einige schöne Eroberungen.

Während einer seiner Reisen erfährt er, daß die Mönche eines Klosters bei Mailand einige Instrumente zum Verkauf anbieten. Vor dem Tor trifft er auf einen geschwätzigen Mann, der mehrere Geigen trägt. Als ihm klar wird, daß er zu spät kommt, spricht er den Händler an und bittet ihn, sich die Instrumente ansehen zu dürfen.

»Die Brüder sind völlig blank. Sie haben mir diese Rogeri verkauft, um ein neues Dach für ihr Kloster zu bezahlen.«

»Was würden Sie für die Bratsche haben wollen?«

»Zu Hause habe ich noch eine viel bessere von Andrea Guarneri.«

»Tatsächlich!«

Die beiden Männer machen sich gemeinsam auf den Weg nach Mailand. Dort angekommen, merkt Cozio, daß es dem Trödler unangenehm ist, ihn mit zu sich nach Hause zu nehmen. Das Mundwerk des Mannes steht nicht still, und schließlich schlägt er vor, sich am nächsten Tag in einem Gasthof im Stadtzentrum zu treffen.

»Ich heiße übrigens Tarisio. Bis morgen dann.«

»Conte Ignazio Alessandro Cozio di Salabue. Morgen, zehn Uhr.«

Zur vereinbarten Zeit betritt der Mann den Gasthof und zeigt ihm eine Bratsche in einem Pappkoffer. Da es in dem Schankraum düster ist, tritt Cozio auf die Straße, um sich das Instrument genauer anzusehen. Er ist von der Farbe des Lacks hingerissen.

»Wunderbar! Die muß ich haben!«

Drinnen fragt er den kleinen Mann aus.

»Wie sind Sie zu diesem Beruf gekommen?«

Er wagt nicht, rundheraus zu fragen, wie ein einfacher Trödelhändler zu einem so wertvollen Gegenstand kommt.

»Als Junge habe ich Möbel gebaut.«

»Sie waren Lehrbursche?«

»Ja. Als Geselle bin ich auf Wanderschaft gegangen. Danach habe ich meine alten Gewohnheiten beibehalten. Ich bin gern unterwegs und trete als Musiker bei Dorffesten auf.«

»Sie sollten bei uns in Casale vorbeikommen.«

»Dort war ich letztes Jahr zum Johannistag.«

»Wenn ich das gewußt hätte, hätte ich Sie eingeladen, für uns auf Schloß Salabue zu spielen. Und wo leben Sie?«

»Auf der Straße. Ich habe hier einen Unterschlupf, aber ich bin nur selten in der Stadt. Eigentlich nur im Winter, wenn der Frost die Menschen in die Häuser treibt.«

Cozio wundert sich, warum der Trödler der Frage nach seinem Wohnort ausweicht. Doch da er spürt, daß sein Bohren dem Mann unangenehm ist, geht er zu seinem Lieblingsthema über: Cremona. So ungebildet Tarisio auch sein mag, mit der Cremoneser Schule kennt er sich aus. Der Graf freut sich, jemanden gefunden zu haben, der seine Begeisterung teilt.

»Diese Geige hier ist so etwas wie meine Tanzpartnerin. Ich halte sie jeden Abend beim Einschlafen im Arm.«

Tarisio hält ihm eine Bergonzi hin.

»Ein schönes Stück. Sie haben einen guten Geschmack.«

Im Stimmengewirr des Gasthauses stellen die beiden Männer fest, daß sie unter derselben unheilbaren Krankheit leiden: der Violinitis. Nach einigen Gläsern schließen sie trotz des beträchtlichen Standesunterschieds Freundschaft.

»Wenn Sie mich erreichen wollen, schreiben Sie an das *Hôtel des Délices* in der Via Legnano«, sagt Tarisio. »Die Wirtin ist eine Freundin. Sie wird mir den Brief geben.«

Wo er nun schon einmal in Mailand ist, beschließt Cozio, die Archive des Herzogtums zu durchforsten. Er ist auf der Suche nach der Geburtsurkunde Stradivaris, um herauszufinden, wer seine Vorfahren waren.

Wieder zu Hause, macht er sich daran, Stradivaris Werkzeuge zu beschriften und anhand seiner Aufzeichnungen ein Werk über Streichinstrumente zu verfassen. Darin beschreibt er die verschiedenen Arbeitsschritte, die benötigten Materialien und die Funktion der vierundzwanzig Bauteile, aus denen eine Geige besteht.

Der Lack steht im Zentrum seiner Aufmerksamkeit; die miserable Qualität der Substanz, mit dem die Instrumente seit dem Tod des letzten Guarneri-Nachkommens bestrichen werden, ist bekannt. Cozio hat sich bemüht, etwas über die Zusammensetzung des Lacks herauszufinden, den Stradivari benutzte. Nach einem Briefwechsel mit den Söhnen Paolo Stradivaris kauft er ihnen ein in Pergament geschlagenes Büchlein ab, das die berühmte Rezeptur enthalten soll. Als er die Schrift mit der auf Stradivaris Zeichnungen vergleicht, begreift Cozio, daß er einer plumpen Fälschung aufgesessen ist.

Die Jahre vergehen, und die Zeiten ändern sich. Cozios Geschäfte laufen schlechter. Die Truppen der französischen Revolution sind bis nach Salabue vorgerückt, die Sansculotten setzen dem Grafen arg zu.

Als Freunde berichten, daß die Pariser Adeligen ihre Stradivaris im Garten vergraben, während sie auf eine baldige Rückkehr zur alten Ordnung hoffen, und er von der Hinrichtung Ludwigs XVI. auf der Place de Grève erfährt, beeilt er sich, seine Geigensammlung vor den französischen Aufrührern in Sicherheit zu bringen. Er verwahrt sie im Tresor eines befreundeten Bankiers.

Cozio, dessen Vermögen von seiner Leidenschaft verschlungen worden ist, begreift, daß die politische Lage sich zu seinen Ungunsten verändert hat. Die Truppen Bonapartes plündern das Land. Als wieder Ruhe eingekehrt ist, stellt er verblüfft fest, daß von nun an Steuern auf all seine Besitztümer erhoben werden. Nachdem Cozio sich Geld geliehen hat, erwägt er, einen Teil seiner Sammlung zu verkaufen. Er wendet sich an einige Musiker, schreibt zwei oder drei Briefe, doch nur wenige Zeitgenossen teilen seine Leidenschaft. Und die sind viel zu sehr damit beschäftigt, zu überleben und ihr Geld zu verstecken, und planen keine Neuanschaffungen. Obgleich Cozio sich schämt, seine Geldprobleme vor aller Welt auszubreiten, läßt er Plakate in den Konzertsälen und Musikschulen Mailands aufhängen. Es folgen lange Wochen vergeblichen Wartens. Nur Tarisio zeigt Interesse, doch er bietet einen lächerlichen Preis. Je mehr Cozio ihn drängt, desto sturer stellt sich der Trödler. Um aus der Sackgasse herauszukommen, beschließt der Graf, seine Sammlung im Konservatorium auszustellen.

Die Instrumente liegen in Reih und Glied auf Tischen, einige Musiker schlendern vorbei und probieren sie aus. Cozio preist die Stradivaris an, die er eigenhändig vom Sohn des Meisters gekauft hat, während Tarisio den Besuchern hinter dem Rücken des Grafen schlechte Nachrichten zuflüstert. Die drohenden sozialen Umwälzungen und die düsteren wirtschaftlichen Aussichten verderben die Preise. So kann der Trödler ein paar gute Anschaffungen tätigen und mehrere Instrumente mit nach Hause nehmen.

In der folgenden Zeit schrumpft die Sammlung des Grafen weiter. Als der Adelige vom Verlust seiner Privilegien entmutigt und an Gicht erkrankt ist, läßt er sich von Tarisio die kostbarsten Stücke abluchsen – unter anderem die »*troppo rosso*«, die der Abgesandte des spanischen Königs abgelehnt hatte.

Tarisios Bleibe befindet sich im Dachgeschoß des *Hôtel des Délices*. Tagsüber herrscht hier Totenstille, doch nachts verwandelt sich das heruntergekommene Haus in ein betriebsames Bordell. Oft werden ausschweifende Feste gefeiert, die Nachbarn sind nicht selten mit ihrer Geduld am Ende. Tarisio und seine Geigen gehören zum Inventar. Die Frauen verdanken ihm einiges, und die Wirtin läßt ihn unter dem Dach wohnen, wenn er ab und zu für die Gäste musiziert.

Eines Abends im Jahr 1840 kommt der Wirtin zu Ohren, daß der Conte di Salabue gestorben sei. Sie eilt sogleich zu ihrem Mieter und erzählt ihm von dem Gerücht: der Adelige soll mit einer Geige in der Hand gestorben sein. Tarisio überlegt, wie er sich der Familie am geschicktesten nähern kann, denn er will herausfinden, welche Instrumente der Graf trotz seiner mißlichen Lage behalten hat. Ausstaffiert mit einer Perücke und Schnallenschuhen begibt er sich zum Schloß des Grafen.

Sein Auftritt hat nicht die erhoffte Wirkung. Die schlammverschmierten Schuhe und die ungelenke Ausdrucksweise verraten seine niedere Herkunft. Cozios Tochter Matilde schlägt ihm die Tür vor der Nase zu. Mehrere Vorstöße und langwierige Verhandlungen sind nötig, bis es Tarisio gelingt, den Rest der Sammlung zu erwerben: die Amati, die Cozio von seinem Vater geerbt hat, und einige andere Instrumente, die ihn nicht weiter interessieren. Es ist schon nicht einfach gewesen, an die Geigen heranzukommen, doch Stradivaris Werkzeuge und die Aufzeichnungen des Grafen bleiben für Tarisio unerreichbar. Matilde verweigert sie ihm hartnäckig, da ihr der Gedanke unerträglich ist, die Schriften ihres Vaters in den Händen dieses Schwätzers mit den schmutzigen Fingernägeln zu sehen.

Inzwischen quillt Tarisios Dachzimmer vor Instrumenten über. Er kann sich kaum noch bewegen und muß vor dem Schlafengehen erst das Bett frei räumen. Instrumente, die eine Reparatur benötigen, bringt er zu einem Antiquitätenhändler an der Piazza del Teatro. Im Gegensatz zu Cozio di Salabue, der alles in allem ein schlechter Geschäftsmann war, ist Tarisio ein geschickter Verkäufer. Es gelingt ihm, sämtliche morschen Instrumente an den Mann zu bringen. Zudem ahnt er, daß mögliche Kunden, so es sie überhaupt gibt, in den ausländischen Hauptstädten leben. Nachdem er lange über die Gefahren einer Reise ins Ausland nachgegrübelt hat, beschließt er, sich zu Fuß auf den Weg zu machen.

Um sich vor Überfällen zu schützen, reist man möglichst in Gruppen. Die Route über die Alpen ist gefährlicher, aber kürzer als die entlang des Golfs von Genua. Der Mailänder tingelt von Dorf zu Dorf, schläft auf Strohsäcken und füllt seinen Magen, indem er seine Musik in klingende Münze verwandelt.

Je näher er Paris kommt, desto unfreundlicher werden die Dorfbewohner. Die Leute interessieren sich nun hauptsächlich für das Geld, an dem es ihm mangelt. Zum ersten Mal wird er weggeschickt, als er darum bittet, in einer Scheune übernachten zu dürfen.

Nach vierunddreißig Tagen Fußmarsch erreicht er Paris. Als Tarisio durch das Stadttor tritt, ist er ausgehungert und zerlumpt wie ein Bettler. Da er so schnell wie möglich seine Ladung loswerden will, fragt er sich zur Straße der Geigenbauer durch und gelangt schließlich in das Viertel rund um die Pariser Oper. Dort betritt er die erstbeste Werkstatt. Doch bevor er auch nur den Grund für seinen Besuch nennen kann, wird er vor die Tür gesetzt. Zähneknirschend versucht er es in einer anderen Werkstatt. Das gleiche Spiel.

Sein knurrender Magen treibt ihn dazu, eine List anzuwenden. Beim dritten Mal öffnet er seinen Sack und tritt mit einer Violine in der Hand durch die Tür.

Trotz seines schmutzigen Aussehens und seines Gestanks zeigt der Geigenbauer Interesse und läßt ihn die anderen Instrumente auspacken. Das Geschäft ist im Handumdrehen besiegelt.

Plötzlich ist Tarisio reich, mitten in Paris. Er nimmt sich ein beheiztes Zimmer mit fließendem Wasser und genießt den ungewohnten Komfort. Nachdem er gebadet und seine zerschlissenen Kleider gewaschen hat, schläft er erschöpft ein. Am nächsten Tag geht er in ein Kaufhaus, um sich neu einzukleiden. Nach geraumer Zeit tritt er als neuer Mensch auf die Straße. Seine grellbunten

Kleider sind gebügelt, und sein Kragen ist so steif, daß er kaum wagt, sich zu bewegen. Er hat sich einen Schnurrbart rasieren und die Haare zurückkämmen lassen, um es den Pariser Bürgern gleichzutun, die er so sehr bewundert.

Bei einem Spaziergang durch das Marais-Viertel entdeckt er einen Schuhmacher, dessen Schaufensterauslage ihn lockt. Er betritt den Laden.

»Wieviel?« fragt er und zeigt auf ein Paar Stiefeletten.

»Sechs Francs. Ich fertige sie nach Maß. In nur zwei Tagen.«

Der Preis scheint ihm übertrieben, doch er denkt an seine wunden Füße und gibt die Schuhe in Auftrag.

»Nehmen Sie Platz.«

»Was?«

Der Schuhmacher nimmt ihn an der Hand und führt ihn zu einem Stuhl auf einem Podest.

»Ich brauche die Umrisse Ihrer Füße!«

Die Vorstellung, seine Schuhe auszuziehen, ist ihm äußerst peinlich, am liebsten würde er die Flucht ergreifen.

»Lassen Sie nur, ich helfe Ihnen.«

Tarisio ist vor Schreck verstummt und setzt sich fügsam auf den Stuhl. Der Schuhmacher zieht ihm die ausgetretenen Schuhe von den Füßen. Mit einem Mal begreift Tarisio, daß die Einkäufe des Vormittags und der Gang zum Friseur nicht ausgereicht haben, um einen Pariser aus ihm zu machen.

»Sie haben riesige Füße. Sie brauchen Schuhe, die groß genug für Sie sind, und eine bequeme Sohle«, sagt der Handwerker und streicht über eine aufgescheuerte Blase an Tarisios Ferse.

»Äh, ja.«

»Kommen Sie morgen wieder.«

»Morgen?«

»Am frühen Abend. Die Schuhe sind gegen fünf Uhr fertig.«

Das glänzend schwarze Ziegenleder und die Perlmuttknöpfe der Stiefeletten machen einiges her. Dank der Absätze hat Tarisio an Größe und Selbstbewußtsein gewonnen. Nun kehrt er zu dem Geigenbauer zurück, der ihn kaum wiedererkennt, und erzählt ihm, daß er in Italien noch zahlreiche weitere Geigen besitzt.

Zurück in Mailand, macht sich Tarisio sogleich an die Arbeit. Er schläft wenig und steckt all seine Kraft in die Suche nach weiteren Instrumenten. Da er nun vor allem auf Qualität achtet, nimmt er keine beschädigten oder halbfertigen Instrumente mehr an. Er hat gelernt, zwischen den verschiedenen Geigenbauschulen zu unterscheiden, weiß alles über Perioden und Stammbäume und kann selbst Fälschungen erkennen.

Seine Wirtin ist ihm eine große Hilfe, da sie allen und jedem erzählt, daß er alte Geigen aufkauft. Seine Reise nach Paris hat ihn beflügelt, von einem Geschäftstreffen eilt er zum nächsten. Er reist herum, kauft, tauscht, nimmt Instrumente in Zahlung und traut sich sogar, einen Musiker auf der Straße anzusprechen, den er an seinem Geigenkoffer erkannt hat. Bald gelangen die Instrumente wie von allein zu ihm, manchmal mehrere auf einmal. Sein Name beginnt sich herumzusprechen. Die politischen Umwälzungen und der Aufstieg des Bürgertums, dessen Angehörige oftmals keine musikalische Erziehung genossen haben, erleichtern Tarisio das Leben. Die großen Adelsfamilien haben alle mehr oder weniger dasselbe erlebt wie der Conte di Salabue. Sie trennen sich von ihren Besitztümern, manchmal schlichtweg, um nicht zu verhungern. Tarisio leiht sich Geld, um mehr und mehr Instrumente kaufen zu können, darunter auch die gebrauchten Geigen, derer sich der Klerus entledigen will. Er ist der einzige, der sich dafür interessiert.

Seine zweite Reise nach Frankreich unternimmt Tarisio nicht mehr zu Fuß. Er genießt die Bequemlichkeit der Postkutschen, die zwischen den Städten verkehren, und kann nun viele Instrumente ohne die geringste Anstrengung transportieren.

Nach seiner Ankunft in Paris läßt er die Ladung im Gasthaus zurück und klappert mit einer Mustervioline die verschiedenen Geigenbauwerkstätten ab. Die Handwerker sind ganz aus dem Häuschen, weil sie die Geigen, die ihr Kollege im vorigen Jahr von Tarisio gekauft hat, gesehen oder zumindest von ihnen gehört haben. Alle wissen, daß der Glückliche reich geworden ist, weil er die Instrumente an Jean-Baptiste Vuillaume weiterverkauft hat.

Mirecourt liegt mitten im Wald, und im Winter gehen alle Bewohner des Städtchens derselben Beschäftigung nach. Sie bauen Geigen, wenn der Boden gefroren ist und die Tiere im Stall sind. Die weiten Wälder der Vogesen sind eine unerschöpfliche Quelle für Holz, der Geigenbau hat auch hier eine lange Tradition.

Seit der italienische Violinspieler Viotti im Dienste Marie Antoinettes steht und bei einem *Concert spirituel* aufgetreten ist, wollen alle Musiker der Hauptstadt eine Stradivari besitzen.

Deshalb sind manche Handwerker aus Mirecourt dazu übergegangen, mit dem Brandeisen den Schriftzug »*A la ville de Crémone*« neben ihren Namen zu setzen. Der Hinweis auf Cremona soll den Verkauf ankurbeln und den Musikern die Geigen aus Mirecourt wieder schmackhaft machen. Doch an ihrem stumpfen, näselnden Klang können sie nichts ändern: er beruht auf der minderwertigen Qualität der heimischen Fichte.

Seit einiger Zeit bauen manche Familien ihre Geigen maschinell, und bald genießt Mirecourt in der Welt der Geigen denselben Ruf wie Montélimar in der Welt des Nougats. In beiden Städtchen arbeiten die Einwohner unermüdlich an der Herstellung der örtlichen Spezialität. Die Werkstätten sind kleine Familienbetriebe, in denen alle mitarbeiten, vom sechsjährigen Kind bis zum Greis. Ihre Abhängigkeit von den Pariser Händlern, die häufig selbst aus Mirecourt stammen und die Geigen in der Hauptstadt verkaufen, verbittert die Handwerker in der Provinz.

Jean-Baptiste Vuillaume hat der elterlichen Werkstatt den Rücken gekehrt, um in Paris in die Lehre zu gehen, und ist nie mehr zurückgekehrt. Er ist ein angesehener Restaurator, sämtliche Violinspieler der Hauptstadt besuchen ihn regelmäßig, weil sie den Klang seiner Instrumente zu schätzen wissen. Seine Spezialität sind Kopien alter italienischer Geigen.

Als Tarisio durch seine Tür tritt, ist Vuillaume gerade außer Haus. Sein Assistent, der ahnt, wen er da vor sich hat, plaudert mit dem Fremden, während er auf die Rückkehr seines Herrn wartet. Vuillaume kommt schließlich laut schimpfend hereingestapft. Seine Kollegen haben ihm verschwiegen, daß der Trödler, der ganz Paris mit Schätzen beliefert, wieder in der Stadt ist. Tarisio sagt sich, daß der Hüne mit dem Filzhut kein besonders umgänglicher Mann ist.

»Ich bin Luigi Alberto Tarisio.«

Vuillaume bereut seine Verwünschungen sofort und reißt sich zusammen.

»Was für eine frohe Überraschung! Haben Sie Dank für ihr Kommen. Ihr Besuch in meiner Werkstatt ehrt mich.«

»Entschuldigen Sie mein schlechtes Französisch.«

»Ich habe schon viel von Ihren Stradivari gehört.«

Tarisio zeigt ihm ein wertvolles Exemplar aus den frühen Jahren des Meisters. Der Puls des Geigenbauers beschleunigt sich. Um seine Erregung zu überspielen, reicht er dem Besucher eine seiner Guarneri-Kopien. Als Tarisio kurz abgelenkt ist, verschlingt Vuillaume die Stradivari mit den Augen.

»Unglaublich! Man könnte sie für eine Amati halten.«

»Da gibt es schon einen Unterschied.«

»Um den zu erkennen, braucht man aber ein feines Auge.«

»Sie verstehen sich auf Ihr Handwerk.«

Vuillaume hat den Wink verstanden. Unter der rauhen Schale verbirgt der Händler eine besondere Begabung, der er Tribut zollen muß, wenn er mit ihm Geschäfte machen will.

»Was halten Sie von dieser hier?« fragt Vuillaume und weist auf seine Guarneri-Kopie.

»Ich mag keine neuen Geigen. Sie klingen oft kraftlos.«

Der Geigenbauer, der an die Ehrerbietung seiner Kunden gewöhnt ist, hat mit einem Kompliment gerechnet. Verärgert holt er seine schönste Geige aus einer Truhe und reicht sie dem Trödler. Dieser bricht in schallendes Gelächter aus.

»Das ist eines meiner Kinder – eine Stradivari, die ich letztes Jahr einem Ihrer Kollegen verkauft habe.«

»Kommen Sie künftig direkt zu mir. Alle wertvollen Geigen gelangen irgendwann in meine Hände.«

»Gern. Sie müssen einfach nur besser zahlen als Ihre Kollegen.«

Tarisio liefert unermüdlich immer neue Violinen, an denen Vuillaume sich eine goldene Nase verdient. Der tiefrote Lack und die kurzen Hälse der Barockinstrumente lassen keinen Zweifel an ihrer Echtheit zu.

Der Trödler reist einmal im Jahr nach Paris, und die Geigenbauer verlassen sich auf sein Urteil. Manchmal läßt der Italiener auf sich warten, weil er in Lyon halt macht, um auch dort das eine oder andere Instrument zu verkaufen.

Vuillaume ist von allen der reichste und greift sich die schönsten Exemplare heraus. Ihm fällt auf, daß die Geigen von Mal zu Mal interessanter werden. Gewitzt wie er ist, hat sich Tarisio zunächst von den minderwertigeren Stücken getrennt.

Bei seinem dritten Besuch brüstet sich Tarisio damit, ein paar Stradivari-Geigen zu besitzen, die um einiges wertvoller sind als alle bisher gelieferten. Er berichtet von der »*troppo rosso*« und von jener anderen Geige, die der Conte di Salabue Paolo Stradivari abgekauft hat und auf der noch nie gespielt worden ist. Seine Worte gehen Vuillaume gegen den Strich:

»Das klingt ja gerade so, als sei Ihre Stradivari eine Art Messias. Sie reden von nichts anderem, aber zu Gesicht bekommt man sie nicht!«

»Für ihre Vorbesitzer war sie alles andere als ein Heilsbringer. Niemand konnte sich von ihr trennen. Nur durch den Tod entkommt man ihr.«

»Dann haben Sie bitte die Güte zu sterben, damit ich die Geige bekomme!«, entgegnet Vuillaume mit einem Lachen.

Tarisio grinst, doch dann verdüstert sich sein Gesicht. Trotz des scherzenden Tonfalls kennt Vuillaume keine Skrupel, wenn es darum geht, eine Geige in seinen Besitz zu bringen. Tarisio ignoriert die Beleidigung und beschließt, sich vor der Gier des großmäuligen Parisers zu schützen, indem er sich weigert, ausschließlich mit ihm Geschäfte zu machen.

Gleich am nächsten Tag beginnt er die anderen Geigenbauer der Hauptstadt aufzusuchen. Nachmittags betritt er die Werkstatt Chanots, am Quai Malaquais. Als er ihm seine Dienste anbietet, fällt sein Blick auf die Decke eines Cellos. Er sieht sie sich näher an und stellt verblüfft fest, daß sie von Stradivari gebaut worden ist. Da er bisher noch nie in Paris Instrumente aufgekauft hat, fängt er vorsichtig ein Gespräch an, und nach langen Verhandlungen gelingt es ihm, dem Geigenbauer die Cellodecke abzuluchsen.

»Ich habe sie im Schaufenster von Ortega entdeckt.«

»Wer ist Ortega?«

»Ein Kollege in Madrid.«

Im Verlauf der Zeit hat der Trödler ein gutes Gespür entwickelt. Er ahnt, daß dieses rissige Stück Holz nur die Spitze des Eisbergs ist und sich die Suche nach dem Teil lohnt, der unter der Wasseroberfläche liegt.

Als er staubbedeckt in Madrid ankommt, erklärt ihm

Ortega, daß er eine neue Decke für das Cello gebaut habe, um die alte zu ersetzen, die nicht mehr zu retten gewesen sei. Als Tarisio nachbohrt, nennt ihm der Spanier einen Namen und eine Adresse.

In dem prächtigen Herrenhaus hat Tarisio es mit einer Besitzerin zu tun, der es nicht aufs Geld ankommt. Deshalb argumentiert er, wie wichtig es sei, das Instrument in seinen Originalzustand zurückzuversetzen, und flößt ihr Schuldgefühle ein, um ihr das Cello abzuschwatzen.

Auf der Rückreise nach Paris, wo er das Instrument restaurieren lassen will, geht er in Galicien an Bord eines großen Handelsschiffes. Im Golf von Biskaya wird die Mannschaft von einem heftigen Wintersturm überrascht. Das aufgepeitschte Meer schleudert die Ladung durch den Frachtraum. Tarisio muß mit ansehen, wie das Cello in der Hängematte, in der er es verstaut hat, bedenklich hin und her schwankt. Die Seeleute haben sich in ihre Kabinen geflüchtet, das Segelschiff treibt mehrere Tage lang steuerlos auf See, bis sich der Sturm etwas legt und die Mannschaft die Kontrolle über das Schiff wiedergewinnt. Mit fast vollständig eingeholten Segeln pflügt das Schiff durch die Fluten und schießt die meterhohen Wellen empor, ehe es mit dem Bug auf die Wasseroberfläche klatscht. Als sie in Nantes anlegen, ist Tarisio zu der Überzeugung gelangt, daß die göttliche Vorsehung sie verschont hat, weil das Cello an Bord war.

Während Tarisio Spanien nach weiteren Instrumenten Stradivaris absucht, heizt sich die Stimmung in Paris auf. Vuillaume zögert trotz der Gerüchte von Plünderungen, seine Werkstatt zu schließen. Der aufgebrachte Pöbel zieht durch die Straßen, der Rauch brennender Barrikaden dringt bis in die Wohnung des Geigenbauers. Als er den Krämer auf der Straße nach den Neuigkeiten fragt, kommt ein Mann gelaufen, der sich ständig ängstlich umdreht. Auf den ersten Blick hält Vuillaume ihn für einen Dieb.

»Sie haben das Schloß geplündert.«

»Die Tuilerien?«

»Die Aufständischen haben es einfach gestürmt und alles zerstört.«

Der Mann zittert am ganzen Körper. Auf seinem Gesicht spiegeln sich die Schrecken, deren Zeuge er soeben war. Seine Bewegungen erinnern an die Verrenkungen der Marionetten, die die Straßenkomödianten auf den großen Boulevards tanzen lassen. Zwischen zwei Sätzen entgleitet ihm eine Geige, die er unter dem Umhang getragen hat. Vuillaume bückt sich, um ihm beim Aufheben zu helfen.

»Sie haben sie einfach aus dem Fenster geworfen.«

Das K von Karolus und die goldene Krone, die auf dem zerschmetterten Boden der Geige prangen, sind ein untrüglicher Hinweis, daß es sich um eines der Instrumente handelt, die Katharina von Medici für die Krönung Karls IX. in Auftrag gegeben hat.

Die Revolution von 1790 und die Plünderung der Tuilerien von 1848 haben den Bestand an Streichinstrumenten der italienischen Meister verringert. Sie gelten nunmehr als lästige Zeugen der Vergangenheit. Vuillaume ist sich des rituellen Charakters der Zerstörungswut bewußt. Die Aufrührer wollen eine ganze Epoche zu Grabe tragen. In dem verzweifelten Bemühen, eine untergegangene Zeit zu retten, hat der zitternde Mann die Bruchstücke der Geige aufgesammelt.

Trotz der Unruhen und Aufstände, die ganz Europa erschüttern, nimmt das Leben in Paris seinen Lauf. Die Weltausstellung von 1855 soll unter anderem dazu beitragen, die Lage zu entspannen. Das Zweite Kaiserreich will ein größeres und prachtvolleres Gebäude errichten als den *Crystal Palace*, der fünf Jahre zuvor für die Londoner Ausstellung gebaut worden ist – und nebenbei den Staatsstreich Napoleons III. vergessen machen.

Die moderne Konstruktion aus Eisen, Backstein und Glas des *Palais de l'Industrie* sorgt unter den Ausstellern für heftige Debatten. Vuillaume gehört zu den Bewunderern.

Um die Besucher der Ausstellung zu beeindrucken, hat die Glasmanufaktur Baccarat fünf Meter hohe Kristalleuchter und die *Compagnie de Saint-Gobain* den größten Spiegel der Welt hergestellt. »Größer, schneller, weiter« scheint das Motto der ganzen Gesellschaft zu sein.

Auch Vuillaume hat sich von dem Fieber anstecken lassen und erfindet den Oktobaß: einen zerlegbaren überdimensionalen Kontrabaß, bei dem der Spieler auf einem Hocker steht und mit Hilfe von Pedalen und Hebeln die drei Saiten des Instruments greift. In dem Glauben, die Musikwelt mit seinen Erfindungen revolutionieren zu können, meldet er zahlreiche Patente an: Stahlbögen, Bratschen mit ungewöhnlichen Proportionen, siebensaitige Instrumente oder Dämpfungspedale.

Obwohl Richard Wagner den Einsatz des Oktobasses empfiehlt, versetzt die konservative Einstellung der anderen Instrumentenbauer dem neuen Instrument den Todesstoß.

Mit seinen Arbeitern springt der erfindungsreiche Geigenbauer rüde um. Er unterdrückt systematisch jedes Streben nach Unabhängigkeit und glaubt sie in seinen Diensten halten zu können, indem er Hungerlöhne zahlt und ihnen verheimlicht, mit welchen Tricks er die Violinen aus Cremona kopiert. Seine Geheimniskrämerei geht so weit, daß er sich mit Parfüm besprüht, nachdem er die Instrumente lackiert hat, damit seine Arbeiter nicht riechen, welches Lösungsmittel er verwendet.

Kontrollwut und Perfektionismus bestimmen auch Vuillaumes Verhältnis zu seiner Arbeit. Er ist überzeugt, daß der technische Fortschritt den Geigenbau voranbringen wird, und erfindet eine Maschine zum Kopieren von Geigen, mit der er Decken und Böden in Rekordzeit zurechtschneiden kann.

Das Ergebnis läßt sich sehen: hohe Produktionszahlen, große Gewinne und erbitterte Streitereien mit den Arbeitern.

Vuillaumes Kunden sind die besten Violinspieler Europas. Unter ihnen ist auch ein Musiker, der bereits in Wien, Warschau und London für Furore gesorgt hat, ehe er nach Paris gekommen ist – ein hünenhafter, krummbeiniger Italiener, dessen lange Finger wahre Wunder vollbringen können.

Als Folge einer Gelenkkrankheit sind die Finger seiner linken Hand erstaunlich biegsam. Sein Geigenspiel ist so schwindelerregend, daß manche Zuhörer ihm Betrug vorwerfen, weil sie überzeugt sind, ein zweiter Geiger verberge sich hinter dem Vorhang. Bald strömt ganz Paris herbei, um den Wundergeiger spielen zu hören. Paganini macht sich sein Schauspieltalent zunutze und fordert andere Geigenvirtuosen zu einem musikalischen Wettstreit auf der Bühne heraus.

Den langen schwarzen Haaren, der blassen Haut und der krankhaften Magerkeit verdankt er seinen Spitznamen: Niccolò Paganini, der Teufelsgeiger.

Die Komponisten interessiert nicht, ob er mit dem Teufel im Bunde steht oder nicht. Ihnen kommt es eher auf seine Pizzicati als auf sein Aussehen an. Seine Technik ist revolutionär, und so stürzen sie sich begierig auf die neuen Möglichkeiten des Violinspiels, die dieser Sohn eines Genueser Hafenarbeiters entdeckt hat.

Seine Bogenführung geht weit über das hinaus, wozu seine Vorgänger fähig waren. Die gesamte Musikwelt steht Kopf. Die hemmungslose Jagd nach technischen Schwierigkeiten ist eröffnet.

Im Foyer der Oper finden hitzige Debatten statt.

»Die Musik kommt durch die technischen Exzesse nicht zur Geltung.«

»Was verstehen Sie schon davon?«

»Nur weil ein Stück unspielbar ist, ist es noch lange nicht schön.«

»Der Fortschritt wird von Komponisten vorangetrieben, die selbst großartige Interpreten sind und keine Stümper.«

»Ich bin hier, um Musik zu hören, und nicht, weil ich einem Gaukler bei einer Zirkusnummer zusehen will.«

Seine Kritiker stacheln Paganini zu immer neuen Provokationen an. Als ihn die Schwester Napoleon Bonapartes zum Hauptmann der Gendarmerie ernennt, tritt er bisweilen in Uniform auf. Eines Abends reißen ihm bei einem Konzert drei Saiten, und er beendet das Stück in einem wahren Hexentanz auf der verbliebenen G-Saite.

Paganini gefällt es so gut in der französischen Hauptstadt, daß er sie zu seiner Heimat erkoren hat. Bald findet er dank der reichen Bürger, mit denen er verkehrt, einen Weg, sein Vermögen zu vergrößern.

Wenn einer seiner Bewunderer eine italienische Geige haben möchte, nimmt er ihn mit zu Vuillaume. Nachdem

Paganini das Instrument vorgeführt hat, rauscht er hinaus, nur um sich kurz darauf wieder durch die Hintertür in die Werkstatt zu stehlen. Dann überreicht ihm Vuillaume einen Umschlag mit seinem Anteil: zehn Prozent vom Kaufpreis.

Als glühender Verehrer der Geigen aus Cremona spielt Paganini nur auf solchen Instrumenten und verschleißt sie reihenweise. Sechs Stradivari, eine Niccolò Amati, eine Andrea Guarneri, eine Francesco Ruggeri, eine Giovanni Battista Rogeri, eine Carlo Tononi, eine Cappa und eine Vuillaume sind in seinem gierigen Schlund verschwunden. Eines Nachts legt er seine Stradivari beim Kartenspiel als Einsatz auf den Tisch – und verliert. Als er seinem Impresario, dem Theaterdirektor von Livorno, sein Leid klagt, leiht dieser ihm seine Guarneri. Nach einem Konzert, bei dem Paganini und das Instrument miteinander zu verschmelzen scheinen, schenkt der Impresario ihm die Geige. Obschon sämtliche Geigenbauer und Sammler Europas Paganini ihre größten Schätze anbieten, gibt er das Instrument nie wieder aus der Hand. Wegen seines phänomenalen Klangs tauft er es »*il cannone*«.

Doch sein Interesse gilt nicht nur alten italienischen Geigen. Er zieht einen ganzen Schweif aus Mätressen und Skandalen hinter sich her. Seine Vorliebe für junge Mädchen bringt ihn mehrmals vor Gericht und ins Gefängnis.

Eine Zeitlang ist seine Affäre mit der Sängerin Antonia Bianchi das Klatschthema Nummer eins. Er breitet die Einzelheiten seiner Eskapaden mit demselben Hochmut in der Öffentlichkeit aus, mit dem er seinen Musikkritikern entgegentritt.

Er ist allgegenwärtig. Sein Bildnis schmückt die Schminktöpfe, Zierdeckchen und Billardqueues in den Warenhäusern. An allen Mauern hängen Plakate, die seine Konzerte ankündigen.

Ein weiteres Laster ist seine Spielsucht. Er besucht regelmäßig Casinos, verpraßt riesige Summen und stürzt sich in das Pariser Nachtleben. Ein Gläubiger zwingt ihn, einen Vertrag zu unterzeichnen, und eröffnet daraufhin das »Casino Paganini«. Der Violinspieler muß nun regelmäßig dort auftreten und erhält einen Teil der Einnahmen des Etablissements, um damit seine Spielschulden zu begleichen. All seine Träume scheinen sich zu erfüllen.

Doch das zügellose Leben hinterläßt seine Spuren. Ein Troß von Ärzten aller Couleur kümmert sich um Paganinis Gebrechen. Er bekommt Quecksilber gegen die Syphilis verschrieben und Reitstunden gegen die Verstopfung. Bald kann er nicht mehr sprechen und verständigt sich nur noch über hingekritzelte Nachrichten. Als er vom Quecksilber erblindet ist, verklagt ihn das Casino, weil er nicht mehr zu seinen Auftritten erscheint. Paganini stirbt 1840, doch die Nachfrage nach Geigen aus Cremona, deren Ruf er in Europa verbreitet hat, wird nie mehr abflauen.

Eines Morgens im Januar 1855, als Vuillaume gerade die Instrumente für die Weltausstellung poliert, erfährt er aus einem Brief von seinem Mittelsmann in Mailand, daß Tarisio gestorben ist.

Sein Herz beginnt wie wild zu klopfen.

Keine Stunde später ist er abfahrbereit. Mit tausend Francs in der Tasche und einigen Kleidern zum Wechseln reist er Hals über Kopf ab.

In Châlons zuckelt der Zug an einer Gruppe Rekruten vorbei, die die Straße entlangmarschieren. Beunruhigt fragt er einen Mitreisenden, wohin die Soldaten unterwegs seien. Dieser antwortet ihm in breitem südfranzösischem Akzent:

»Sie sind auf dem Weg nach Marseille, von wo sie nach Sewastopol eingeschifft werden, um als Kanonenfutter im Krimkrieg zu dienen. Als hätten wir irgend etwas mit der Krim am Hut. Oder wissen Sie etwa, wo das ist?«

Vuillaume mißfallen solche Gespräche. Tarisios Sammlung erwartet ihn und er träumt davon, die Violinen bald in den Händen zu halten.

Während der Zug über die Schienen der Provence holpert, haben sich in Mailand die Ereignisse überschlagen.

Da Tarisio seit ein paar Tagen nicht aus seinem Zimmer gekommen ist, ruft die Wirtin die Carabinieri, die die Tür aufbrechen. Sie läßt die aufgedunsene Leiche abtransportieren und bestellt einen Notar. Als sie das Bett abzieht, entdeckt sie in der Matratze einen Beutel mit vierhunderttausend Lire. Aus Angst vor Überfällen bittet der Notar die Polizisten um Geleitschutz, weil er das Geld sicher zur Bank bringen will. Als nächstes müssen Tarisios Erben gefunden werden. Nach einigen Nachforschungen spürt der Notar zwei Neffen in einem kleinen Dorf in der Nähe von Novara auf. Diese staunen nicht schlecht, als der Städter in einer Kutsche vorfährt und ihnen sechs Geigen sowie einige Schriftstücke überreicht, die sie unterschreiben sollen. Der Notar redet auf sie ein, bis sie begreifen, daß sie ein Vermögen geerbt haben. Die Bauern verstehen die Welt nicht mehr und räumen die Geigen in einen alten Schrank.

Eine Woche vergeht, bis Vuillaume zur Abendessenszeit bei ihnen auftaucht. Der Kutscher ruft ihnen etwas zu, was sie dazu bewegt, den Fremden hereinzubitten. Obwohl sie nun wissen, daß der Mann sich für die Geigen interessiert, bereitet es ihnen Unbehagen, nach Einbruch der Nacht einen Fremden ins Haus zu lassen.

Als sie die Schranktür öffnen, stürzt sich Vuillaume auf die Instrumente. Im Kerzenlicht erkennt er eine Bergonzi, zwei Guadagnini und eine Stradivari. Einer der Neffen holt einen Karton aus einer Schublade, in dem sich zwei weitere Geigen befinden. Vuillaume sinkt auf den Kaminrand. Er ist einerseits erleichtert, weil er als erster gekommen ist, andererseits aufgekratzt, weil er ein gutes Geschäft wittert. Als seine Augen sich an die Dunkelheit gewöhnt haben, sieht er, daß eine der Geigen die »Messias« ist. Sie ist vollkommener als jede Violine, die er jemals in den Händen gehalten hat.

Unter den Geigen, die er auf dem Boden ausgebreitet hat, erstrahlt die »*troppo rosso*« in einem besonderen Glanz. Die Flammen des Kaminfeuers bringen ihren dunkelroten Lack zum Funkeln.

Nach einer Nacht auf einem harten Lager in der Bauernhütte erklärt Vuillaume seinen Gastgebern, daß ihr Onkel eine kostbare Instrumentensammlung besessen habe. Gemeinsam fahren sie nach Mailand ins *Hôtel des Délices* und bitten die Wirtin, das Zimmer aufzusperren.

Als er durch die Tür tritt, stößt Vuillaume unwillkürlich einen leisen Schrei aus. Sein ganzes Leben hat er auf diesen Augenblick gewartet, und nun bricht ihm angesichts der Unzahl von Instrumenten der Schweiß aus. Celli, Kontrabasse und überall Violinen. Sie hängen an den Wänden, liegen unter dem Bett und auf dem Boden, einige sind sogar zu Viererbündeln zusammengebunden. Tarisios Neffen wird übel von dem Leichengeruch, der immer noch in dem Zimmer hängt, Vuillaume aber nicht weiter zu stören scheint. Er ist völlig in seine Entdeckung versunken.

Allen Grabschändern ist die Respektlosigkeit vor den Toten gemein. Noch bevor er die Instrumente überhaupt gezählt hat, ruft er den Neffen, die auf der Türschwelle stehengeblieben sind, in herrischem Tonfall zu:

»Ich habe achtzigtausend Francs. Wollt ihr die für die gesamte Sammlung?«

Inzwischen sind mehrere leichtbekleidete Frauen die Treppe heraufgekommen, um nichts von dem Spektakel zu verpassen. Die Männer schauen sich ratlos an. Es will ihnen einfach nicht in den Kopf, daß dieses Gerümpel nun ihnen gehört und ihr Onkel der Besitzer der bedeutendsten Sammlung italienischer Meistergeigen aller Zeiten gewesen sein soll. In dem Glauben, es mit einem Verrückten zu tun zu haben, nehmen sie das Geld des Parisers entgegen und teilen es unter sich auf, nachdem sie es wieder und wieder gezählt haben. Sie fühlen sich in ihrer neuen Rolle als Geschäftsleute unwohl und haben es eilig, auf ihren Hof zurückzukehren. Die Tiere müssen getränkt werden. Im allgemeinen Trubel verabschieden sie sich von Vuillaume und gehen in ein Tauschbüro, um sich ein zweites Mal übers Ohr hauen zu lassen.

Vuillaume bleibt allein im Zimmer zurück. Eine erste Bestandsaufnahme läßt ihn schwindeln: er zählt hundertvierundvierzig Instrumente, die meisten aus Cremona, darunter vierundzwanzig von Stradivari! Eines dieser Meisterwerke ist wertvoller als das andere, der Vorrat reicht für mehrere Leben.

Als er wieder bei Sinnen ist, läßt er einen Schreiner kommen, der ihm drei große Holzkisten zimmert. Nachdem er das Zimmer von Instrumenten leergeräumt hat, legt er sich aufs Bett und schläft erschöpft ein.

Ein böser Traum stört seinen Schlaf: Die wertvollen Geigen laufen ihm davon, und immer, wenn er sie packen will, entfernen sie sich noch mehr. Seine Kollegen verfolgen ihn und geben ihm die Schuld an dem Verlust.

Er schreckt aus dem Alptraum hoch und stellt fest, daß im Nachbarhaus eine Schlägerei im Gange ist. Nachdem er sich vergewissert hat, daß die Kisten gut verschlossen sind, beschließt er, sogleich aufzubrechen.

Seit einem Monat herrscht Hochbetrieb in Vuillaumes Werkstatt. Sämtliche Pariser Geigenbauer und Musikliebhaber geben sich die Klinke in die Hand, um die Schätze zu betrachten, die er aus Italien mitgebracht hat.

In der Mitte des Raums thront die »Messias« in einer Vitrine, die mit einem ausgeklügelten Drehmechanismus versehen ist, damit das Instrument von allen Seiten bewundert werden kann. Die »*troppo rosso*« ist wie der Rest der Sammlung im Tresor eingeschlossen.

Alle bestürmen Vuillaume mit Fragen. Wie ein eitler Pfau stolziert er um den Glaskasten herum und gibt sein italienisches Heldenepos zum Besten.

»Keine andere Stradivari kommt an sie heran. Sie ist unvergleichlich!«

Obgleich er seine Anschaffungen wortreich anpreist, ist Vuillaume auf der Hut. Die Angst vor Dieben in diesen unsicheren Zeiten ist dafür ebenso verantwortlich wie die Absicht, die Preise nicht zu verderben. Nur wenige können sich überhaupt eine Stradivari leisten. Wenn er zu viele Geigen auf einmal anbietet, bleibt er am Ende auf allen sitzen. Also hält er sich zurück und verkauft nur ab und zu eine Violine an einen Kollegen in London, einen Pariser Musiklehrer oder einen reichen ausländischen Kunden.

Durch geschickte Investitionen mehrt Vuillaume seinen Reichtum. In Zuge der Revolutionen von 1830 und 1848 und des Staatsstreichs von 1851 sind die Grundstückspreise gesunken. Daher kann er sich nun ein schmuckes kleines Schloß mit Nebengebäuden und einem riesigen Park im Umland von Paris leisten. Obwohl er mehrere Häuser in der Hauptstadt besitzt, zieht er es vor, sich in Les Ternes niederzulassen. So spart er die Steuern, die in Paris auf die Einfuhr von Rohstoffen erhoben werden.

Aus der Rue Pierre-Demours in Les Ternes schickt Vuillaume einen Brief an den Baron de Maleville. Er verfüge über Geigen von unvergleichlicher Schönheit, unter anderem über eine mit tiefrotem Lack, die Antonio Stradivari im Jahre 1713 gebaut habe. Das Instrument könne nicht allein auf die Reise geschickt werden. Deshalb bitte er den Baron, ihm einen Besuch abzustatten.

Als ihn die Zusage des Barons erreicht, macht sich Vuillaume daran, die Geige umzubauen, um sie dem herrschenden Geschmack anzupassen. Er erhöht die

Spannung der Saiten, indem er den Hals durch einen längeren ersetzt und beim Wiedereinsetzen in die Geige den Saitenwinkel erhöht. Die Operation ist heikel. Um den Wert des Instruments nicht zu mindern, setzt er die alte Schnecke auf den neuen Hals. Damit der Korpus dem höheren Druck des Stegs standhält, müssen auch der Baßbalken und der Stimmstock im Inneren der Geige ausgetauscht werden.

Der Geigenbau entwickelt sich ständig weiter, und Vuillaume ist ein Fachmann für derlei Umbauten. Neue Stahlsaiten, die preiswerter und widerstandsfähiger sind, ersetzen die alten Darmsaiten, die leicht reißen. Sie sind sehr gefragt – vor allem seit manche Orchesterleiter den Musikern das Gehalt kürzen, wenn sie Darmsaiten verwenden und diese bei Proben und Konzerten ständig neu aufziehen müssen.

Der Baron de Maleville, der für kurze Zeit Minister unter dem Bürgerkönig Louis Philippe gewesen ist, kauft Vuillaume die rote Geige ab und nimmt sie mit nach Rouen. Er glaubt, daß seine Frau Gefallen daran finden wird und seine Freunde ihn für die Anschaffung bewundern werden.

Doch seine Gattin ist eine herrische Frau, die in ihrer Kindheit von den Eltern zum Geigenunterricht gezwungen wurde. Kein Geschenk der Welt kann sie besänftigen. Tatsächlich ist die Baronin alles andere als begeistert, und Freunde hat der Baron auch nicht eben viele. Einige Monate lang spielt die Baronin lustlos auf der Geige, bevor sie in der dunklen Schublade einer Kommode verschwindet.

Die Jahre vergehen, und Baron und Baronin de Maleville segnen das Zeitliche. Ihr Besitz wird unter den Erben aufgeteilt, die Kinder nutzen den Anlaß, um sich gründlich zu zerstreiten. Sie machen sich gegenseitig für das Verschwinden der Stradivari verantwortlich. Nach endlosen Zankereien landen sämtliche Möbel in einem Auktionshaus. Ein Antiquitätenhändler ersteigert die Kommode und bringt sie zu einem Möbeltischler, um sie restaurieren zu lassen. Doch die Kommode leistet unerwarteten Widerstand und will sich partout nicht öffnen lassen. Schließlich muß der Tischler das Schloß aufbrechen.

Da er ein ehrlicher Mann ist, restauriert er das Möbelstück und übergibt dem Besitzer den Schatz, den er in der Schublade gefunden hat. Der Antiquitätenhändler erkennt auf den ersten Blick, daß die Violine möglicherweise eine echte Stradivari ist. Die Mißhandlungen ihrer mürrischen Vorbesitzerin haben zwei Risse am linken Loch hinterlassen. An der Unterseite ist der Lack abgenutzt, das Griffbrett hat sich leicht vom Hals gelöst. Die Geige, die dringend repariert werden muß, vertraut der Antiquitätenhändler einem befreundeten Musiker an.

Als der Antiquitätenhändler, der inzwischen an den Fähigkeiten seines Freundes zweifelt, seinen kostbaren Besitz abholen will, reinigt der Mann gerade die Decke, die er mit einem Küchenmesser vom Rest des Instruments gelöst hat.

»Was zum Teufel machst du da?«

»Sie war schmutzig. Ich mache sie sauber. Du wirst sie nicht wiedererkennen.«

Erbost begutachtet der Antiquitätenhändler den Schaden und bettet das zerlegte Instrument in eine Schachtel, deren Inhalt er zuvor auf den Wohnzimmerboden leert.

Dann bringt er die Geige zu einem Fachmann, in der Hoffnung, dieser könne ihre Echtheit bestätigen.

Der Werkstatt gehört Hippolyte Chrétien Silvestre. Er erkennt Stradivaris Handschrift auf den ersten Blick und erläutert dem Antiquitätenhändler, daß das Instrument äußerst wertvoll sei.

Die Geige hat unter der Behandlung durch den Musiker gelitten. Der Lack ist stellenweise abgewaschen, der Korpus weist durch das stümperhafte Ablösen der Decke einige kleinere Risse auf.

Nach drei Wochen behutsamer Pflege ist das Instrument wieder intakt. Als der Antiquitätenhändler es abholen will, zeigt ihm Silvestre ein helles Rechteck, wo zuvor das Etikett klebte.

Zornig fährt der Händler Silvestre an:

»Wo ist der Geigenzettel?«

»Hören Sie auf zu schreien. Er fehlte bereits, als Sie mir die Geige brachten.«

»Lügner!«

»Ich schwöre Ihnen, er war nicht mehr da.«

»Wo ist er dann?«

»Es sieht so aus, als wäre er erst vor kurzem entfernt worden.«

Wutschnaubend kehrt der Antiquitätenhändler zu dem Musiker zurück und fordert die Herausgabe des kostbaren Stücks Papier.

»Von welchem Zettel sprichst du?« fragt der Mann scheinheilig.

Dem Antiquitätenhändler platzt der Kragen.

»Jetzt hör mir mal gut zu! Du gibst mir sofort den Geigenzettel, oder ich mach dich kalt!«

Er schnappt sich das Messer, mit dem der Musiker die Geige aufgehebelt hat, und fuchtelt damit so nah vor dem Gesicht seines Freundes herum, daß dieser das verrostete Metall riechen kann.

»Schon gut, schon gut. Er ist oben im Schlafzimmer.«

Wie Cozio di Salabue sammelt der Musiker die wertvollen Autographen in einem Album. Hektisch sucht er nach der Seite mit dem Geigenzettel der »troppo rosso«. Er fängt an zu zittern, blättert vor und zurück und hält plötzlich inne.

»Da ist er ja.«

Der Antiquitätenhändler greift nach dem Buch und reißt die Seite vorsichtig heraus.

»Ich habe Geld. Bitte verkauf mir den Geigenzettel.«

Als der Antiquitätenhändler ausholt, um ihm eine Ohrfeige zu geben, flüchtet der Musiker auf den Treppenabsatz und preßt das Album an sich.

Die Etikettensammlerei ist das Steckenpferd einiger Besessener, die alles über das Flächengewicht von Camembert-Etiketten oder das Druckverfahren von Zigarrenbauchbinden wissen. Die Liebhaber von Geigenzetteln gehören zur obersten Schicht dieser sammelwütigen Spezies, die ihre Marotte hinter sogenannten wissenschaftlichen Forschungen verstecken. Meist hängen die Geigenzettel nach Erbauern sortiert eingerahmt an der Wand einer Werkstatt oder eines Arbeitszimmers.

Im 19. Jahrhundert ist es gang und gäbe, die Geigenzettel aus alten Instrumenten zu entfernen. Skrupellose Geigenbauer stellen aus verschiedenen Einzelteilen Fälschungen her, die sie mit Hilfe der kostbaren Etiketten als echte Meistergeigen ausgeben. Manchmal genügt die Hälfte eines alten italienischen Bodens, um einen unbedarften Kunden zu täuschen.

Silvestre beteiligt sich nicht an diesen Machenschaften und beobachtet hilflos, wie seine weniger begabten Kollegen die alten Geigen ausschlachten. Amatis Gamben werden zu Celli umgebaut und Stradivaris Bratschen zu Violinen. Manchmal landen diese Mißgeburten auf seiner Werkbank, wo er nur noch ihren Tod feststellen kann.

Während er auf diese Scharlatane schimpft, klebt Silvestre den Geigenzettel wieder an seinen Platz. Mit neuem Stimmstock, neuem Steg und einem neuen Satz Saiten ist die »*troppo rosso*« wieder einsatzbereit.

Seit Wochen geht ein kalter Nieselregen auf London nieder. In der New Bond Street Nummer 38 residiert die Familie Hill in einem viktorianischen Mietshaus mit Erkerfenstern. Vuillaumes Werkstatt mußte nach dem Tod des Besitzers schließen, der einem Schlaganfall erlegen war. Seither hat sich der Handel mit alten Geigen nach London verlagert, wo die vier Gebrüder Hill unermüdlich ihr Imperium ausbauen. Sie arbeiten seit Jahren als Restaurateure und Gutachter und sind Meister ihres Metiers. Fast alle Stradivari-Geigen, die weltweit im Umlauf sind, sind durch ihre Hände gegangen.

Es klingelt, und der Sekretär eilt zur Tür.

»Ich komme wegen der Porträts.«

»Treten Sie ein.«

Shirley Slocombe wird in einen kleinen Salon geführt, der auf den Hinterhof hinausgeht und durch dessen große Fenster das gleichmäßige Licht fällt, das er für seine Arbeit braucht. Die Sonnenstrahlen werden von einer dicken Wolkenschicht gefiltert und verbreiten sich wie ein farbloses, leichtes Gas im Zimmer. Sie tauchen die Möbel in ein sanftes Licht. Arthur Hill kommt herein, begrüßt den Maler und legt die »Messias« auf einem Sockel ab.

Die Brüder benötigen Porträts von ihrer kostbarsten Geige für ein kleines Büchlein, das sie herausgeben wollen. Slocombe hat sich mit Landschaftsbildern einen Namen gemacht und bemüht sich nun nach Kräften, den goldbraunen Schimmer des Lacks aufs Papier zu bannen.

Im Tresorraum der Geigenbauer begegnet die »Messias« oftmals einer ihrer Schwestern aus Cozio di Salabues Sammlung. Seit die Hill-Brüder die »Messias« den Erben einer Tochter Vuillaumes für einen schwindelerregenden Preis abgekauft haben, hüten sie die Violine wie ihren Augapfel. Sie fertigen Kopien von ihr an und weigern sich, die Geige zu verkaufen, obwohl immer höhere Angebote bei ihnen eingehen. Die »Messias« ist für die Gebrüder Hill das, was das Golddepot von Fort Knox für die amerikanische Zentralbank ist: eine Garantie für ihren Fortbestand. Menschen aus aller Welt vertrauen ihr Gold der einen, ihre Geigen der anderen Institution an.

Die Gebrüder Hill sind ihrer Zeit weit voraus. Sie legen großen Wert auf den Kontakt zum Kunden und haben Zertifikate drucken lassen, die die Echtheit ihrer Geigen bezeugen. Auf ihrem Briefpapier erscheint neben der Liste von Preisen, die sie bei internationalen Wettbewerben gewonnen haben, ein Bild ihres Hauses und ihre Telegraphenadresse: STRADIVARI, LONDON.

Der Telegraph spuckt gelbliches Papier von minderwertiger Qualität aus. Der Sekretär beeilt sich, die Punkte und Striche zu entschlüsseln und überbringt William die Nachricht: »STRAD 1713 – EILT – H.C. SILVESTRE.«

Die Hills antworten umgehend, daß Alfred in der kommenden Woche nach Frankreich reise, und bitten Silvestre, die Geige für sie zu reservieren.

Alfred Hill ist ein rastloser Mann. Seine Besuche in Frankreich machen sich meist bezahlt und sind immer ein Erlebnis. Da er viel Geld mit auf die Reise nimmt, näht er es in seine Unterwäsche ein, um es vor dem Zoll zu verbergen. In einem kleinen Ledertäschchen, das ursprünglich für Toilettenartikel gedacht war, bewahrt er die unerläßlichen Werkzeuge eines Geigenjägers auf: ein aufgerolltes Maßband, einen Mundspiegel, einen Stimmstocksetzer, ein Taschenmesser, ein paar alte Stege, einige fertige Stimmstöcke, eine Rundfeile, eine Lupe, Kreide, Perlleim, ein kleines Metallineal und Schnur.

In Paris, wo inzwischen der *Grand Palais* auf den Grundmauern des *Palais de l'Industrie* errichtet worden ist, hat der Engländer schon feste Gewohnheiten. Er steigt immer im selben Hotel ab, geht stets im selben Nobelrestaurant essen und sucht reihum seine Kollegen auf, weil er hofft, eine seltene Geige zu finden, die seiner Sammlung fehlt.

Der Besuch eines Hill-Bruders in einer Werkstatt ist ein bedeutendes Ereignis. Silvestre hat dafür gesorgt, daß Alfred gebührend empfangen wird. Er hat aufgeräumt, alle mißratenen Instrumente im Schrank versteckt und zwei seiner schönsten Stücke deutlich sichtbar auf die Werkbank gelegt.

Doch Hill hat nur Augen für die Stradivari. Er ist ungeduldig und täuscht halbherzig vor, sich für die Arbeit seines Kollegen zu interessieren. Als er das Instrument dann endlich in den Händen hält, zuckt er zusammen. Die Farbe der Geige erinnert ihn an eine schöne Frau, deren Lächeln von einem grellen Lippenstift entstellt ist. Nach kurzem Zögern muß er zugeben, daß es sich tatsächlich um den Lack des berühmten Geigenbauers aus Cremona handelt. Das Instrument stammt aus Stradivaris Glanzzeit. Hill überlegt bereits, zu welchem Preis er das Meisterwerk verkaufen kann, ohne auch nur einen Gedanken daran zu verschwenden, ob sein Kollege sich überhaupt von ihm trennen will.

Silvestre, der im Auftrag des Antiquitätenhändlers handelt, will vor allem eine möglichst hohe Provision herausschlagen. Aus diesem Grund muß er unbedingt verhindern, daß sich Verkäufer und Käufer begegnen. So sind schließlich alle zufrieden: Der Engländer bekommt die Violine, Silvestre gelangt unverhofft zu Reichtum und der Antiquitätenhändler verdient sich an einer alten Kommode eine goldene Nase.

Während sich kleine Fische mit Plankton zufriedengeben, brauchen große Fische fettere Brocken, um satt zu werden. Der Gewinn, den die Gebrüder Hill aus dem Verkauf der Geige schlagen, stellt alles Bisherige in den Schatten.

Sir Alfred Gibson, Professor der *Royal Academy* und Solist des *Royal Orchestra*, hat eine steile Karriere hinter sich. Daß er zum Musikdirektor der Krönungszeremonien Edwards VII. und Georges V. ernannt worden ist, kommt für Gibson, der sich das Violinspiel selbst beigebracht hat und der die Königsfamilie grenzenlos bewundert, einer höheren Weihe gleich.

Sein Privatvermögen und das Geld, das er in seinem Beruf verdient, ermöglichen es ihm, seine Instrumente bei den Gebrüdern Hill zu kaufen, die sich ihren Ruf und ihren Sachverstand teuer bezahlen lassen. Dafür bürgen sie für die Echtheit der Violinen und leisten ausgezeichnete Dienste.

Gibson ist glücklich, im Joseph-Joachim-Quartett spielen zu dürfen. Zu seiner roten Geige von 1713 gönnt er sich eine Bratsche von 1734, eine Guarneri von 1733 und einige andere teure italienische Spielzeuge.

Außergewöhnlichen Geigen ist ein außergewöhnliches Schicksal beschieden. Im Laufe ihrer wechselhaften Geschichte bekommen diese Raritäten irgendwann einen eigenen Namen, der sie aus der Masse der gewöhnlichen Geigen heraushebt. Außerdem ist der Name ein untrügliches Zeichen für den Stolz der Violinspieler, Geigenbauer oder Sammler, denen das Instrument gehört.

Mit seinem buschigen Schnurrbart, den zusammengekniffenen Augen und seiner aufrechten Haltung ist Alfred Gibson ein Star der Londoner Bühnenwelt. Er steht in dem Ruf, seinem Äußeren ebensoviel Aufmerksamkeit zu widmen wie seiner Technik. Ein schlichter Ehering soll möglichen Anwärterinnen bedeuten, daß er in festen Händen ist. Unter seinem Gehrock funkelt eine Taschenuhr an einer schweren Goldkette. Eine Krawatte, ein gestärkter Kragen und goldene Manschettenknöpfe vervollständigen das Erscheinungsbild. Er hat einen ausgeprägten Sinn für Details und legt großen Wert auf

einen untadeligen Auftritt. Sein unerschütterliches Selbstbewußtsein hat ihm überhaupt erst den Mut verliehen,
für den gesellschaftlichen Aufstieg zu kämpfen.

Um der Stradivari eines Tages seinen Namen geben zu
können, stellt Gibson sie für wichtige Ausstellungen zur
Verfügung. Als es nötig wird, die Geige zu taufen, beruft
er sich auf seinen Einfluß beim König und schlägt beiläufig »Gibson« vor.

So wird aus der »*troppo rosso*« die »Gibson-Stradivari«
von 1713.

Im März 1911 läßt Alfred Gibson die Gebrüder Hill seine
komplette Sammlung verkaufen. Der junge Bronislaw
Huberman, der sich in wenigen Jahren zu einem gefrag-
ten Solisten entwickelt hat, ist ein regelmäßiger Kunde
der Londoner Geigenbauer. Sein Name ist in aller Munde.

Nach einigem Hin und Her, wie man es nur aus der
Welt der Kunst kennt, kauft Huberman die rote Geige,
die Gibsons Namen trägt. Als Alfred Gibson den Gebrüdern Hill einen Besuch abstattet, um sich sein Geld auszahlen zu lassen, schildern diese ihm, wie sie einen deutschen Kollegen namens Hamma ausgebootet haben, der
Huberman ebenfalls eine Violine verkaufen wollte.

Zwanzig Jahre später ersteht Huberman auch Gibsons
Guarneri von 1733. Beide Instrumente sind nun wieder in
einem Geigenkoffer vereint.

Obwohl Einigkeit darüber herrscht, daß Julian Altman Talent hat, beklagen seine Lehrer einhellig seinen mangelnden Ehrgeiz. Der schüchterne Junge hält sich stets im Hintergrund und haßt es, vorspielen zu müssen, weil er panische Angst davor hat, im Rampenlicht zu stehen. Seine Mutter Doris hält ihm die Unbilden des Lebens vom Leib. Sie beschimpft die Jury, wenn er durchfällt, macht dem Musikschuldirektor bei jeder Gelegenheit schöne Augen und schleppt ihren Sohn von Geigenlehrer zu Geigenlehrer. Auf diese Weise versucht sie sich an der Gesellschaft zu rächen, die ihr den ersehnten Aufstieg verwehrt und ein Leben in Armut beschert hat. Sie widmet sich ganz und gar der musikalischen Ausbildung ihres Sprößlings. Der Vater des Jungen, an dessen Gesicht sie sich kaum noch erinnert, hat sich nach einem Streit aus dem Staub gemacht.

Die Wohnung in der West 91st Street, in der sie mit ihrem Sohn lebt, besteht aus einem einzigen Zimmer mit einem Klapptisch, einem Waschbecken und einem breiten Bett.

Das Klosett und die Dusche befinden sich in einer kleinen Kammer, aus der Gestank ins Zimmer dringt, sobald die Tür geöffnet wird. Zum Duschen werden zwei Bretter über das tellergroße schwarze Loch im Boden gelegt.

Kurz nach ihrem Einzug haben die beiden einen hartnäckigen Kampf gegen die Küchenschaben begonnen. Da sich die Insekten mit jedem Krümel vermehren, müssen Mutter und Sohn penibel darauf achten, keine Reste zu hinterlassen. Die Mahlzeiten nehmen sie auf dem Bett ein, auf dem sie eine fettige Wachsdecke ausbreiten. Im Sommer, wenn das Ungeziefer zu Hunderten in die Wohnung einfällt, flüchten die Altmans nach Queens, wo Julians Großmutter lebt.

Kurz nach dem zwölften Geburtstag des Jungen beginnen Doris' Anstrengungen Früchte zu tragen. Er wird an der *Juilliard School of Music* angenommen. Doris sieht sich bereits im *Grace Rainey Rodgers Auditorium* bei einer Sonntagsmatinee mit den Damen der High Society plaudern. Ein kleiner Schwatz über die unmögliche Frisur

von Frau X oder den Gesundheitszustand von Herrn Y –
all diese nichtigen Dinge, die das Leben der oberen
Zehntausend ausmachen, von dem sie immer geträumt
hat.

Doch die Wirklichkeit sieht anders aus. Die kleine Familie watet durch zähen Schlamm, aus dem sie nicht her-
auskommt. Schlimmer noch: Doris ahnt, daß sie für immer von ihm gezeichnet sein werden, selbst wenn sie ihm
eines Tages entrinnen. In Augenblicken der Mutlosigkeit
gibt sie sich dem Alkohol und der Verzweiflung hin.
Dann hängt sie düsteren Gedanken nach, in denen ihr
Sohn mit seiner Dreiviertelgeige herumspukt. Abgelehnt,
weil er schmutzige Fingernägel hat, abgelehnt, weil seine
Kleider nicht fein genug sind, abgelehnt, weil ... Die
Schrecken ihres eigenen Lebens. Draußen stehen und
zusehen müssen, wie die anderen in den erleuchteten
Konzertsaal strömen!

Nach den Sommerferien begleitet Doris Julian stolz zu
seiner ersten Unterrichtsstunde. Als sie das Klassenzim-
mer betreten, ist es leer. Nur eine Geige liegt einsam auf
einem Tisch.
    Nach einigen Minuten knarrt die Tür. Ein kleiner,
mürrischer Mann kommt herein, dessen Lippen in seinem vom Alter gezeichneten Mund zu verschwinden
scheinen. Er ist Doris auf den ersten Blick unsympa-
thisch. Da Julian aus dem Fenster starrt, spricht sie ihn
an. Nachdem er sie mit ein paar Höflichkeiten und einem gezwungenen Lächeln abgespeist hat, bittet er Julian, seine Geige hervorzuholen, und dankt Doris, daß
sie ihn hergebracht hat.
    »Ich würde gern bei der ersten Stunde dabeisein. Nur
wenn es Sie nicht stört, natürlich.«
    »Keineswegs. Daran bin ich gewöhnt. Sie können sich
dort drüben hinsetzen.«
    Der Lehrer war einst selbst ein ausgezeichneter Musi-
ker und hat eine hohe Meinung von seinen pädagogi-
schen Fähigkeiten. Wie so mancher seiner Kollegen hat
er eines Tages vor den hohen Ansprüchen seines Berufs
kapituliert. Um vom Violinspiel leben zu können, muß

man unermüdlich üben und an sich arbeiten. Junge Studenten können solch ein Leben führen, für Erwachsene wird es jedoch bald unerträglich. Als Musiklehrer hat er immerhin einen sicheren Arbeitsplatz, ein großzügiges Gehalt und die Aussicht auf eine sorgenfreie Zukunft.

Professor Schultz ist sich seiner Macht bewußt. Er schikaniert seine Schüler und bemüht sich nach Kräften, ihnen den Wunsch auszutreiben, Berufsmusiker zu werden. Nur diejenigen mit dem größten Durchhaltevermögen sollen in den Genuß seines Unterrichts kommen, da nur sie später in der Lage sein werden, sich als Violinspieler zu behaupten. Das erste Hindernis, das sie überwinden müssen, ist die Versetzung in die nächsthöhere Klasse. Die Auslese ist streng, und Julians Lehrer entscheidet nach Gutdünken über das Los seiner Schützlinge.

Außerdem haßt er begabte Schüler. Sie wecken schmerzliche Erinnerungen an sein eigenes Scheitern. Instinktiv setzt er alles daran, um sie am Fortkommen zu hindern.

Doch Julian und Doris sind perfekt aufeinander eingespielt. Sie bilden ein Paar, wie man es aus dem Zirkus kennt: der Messerwerfer und seine Assistentin oder der Dompteur und seine Raubkatze. Er spielt die Noten, sie bringt sie der Welt zu Gehör. Er ist das Genie, sie die sich aufopfernde Glucke. Diese Konstellation, die man in der Welt der Wunderkinder häufig antrifft, ist Professor Schultz zuwider. Gleich nach dem ersten Blick auf seinen neuen Schüler und dessen Mutter hat er den Fluch erkannt, der sie aneinanderkettet. Er weiß, daß er bei dem einen ansetzen muß, um die andere zu brechen.

Julian holt seine Dreiviertelgeige hervor und stimmt sie. Der Professor verzieht skeptisch das Gesicht und bittet ihn, sich aufzuwärmen und anschließend ein Stück zu spielen, das er gut kennt. Der Junge stürzt sich mit großem Eifer auf eine besonders schwere Etüde von Eugène Ysaye. Nach einem halben Takt weiß Schultz, daß Julian Talent hat, und fragt sich, ob er ihm überhaupt noch etwas beibringen kann.

»Gut. Wie alt bist du?«

»Er ist vor kurzem zwölf geworden«, antwortet Doris voller Stolz.

»Du bist groß für dein Alter. Du brauchst eine Vierviertelgeige. Dann wirst du gute Fortschritte machen.«

»Eine Vierviertelgeige ... Sind Sie sicher? Ich dachte, er
könnte Ende des Jahres wechseln.«

»Wenn du vorankommen willst, brauchst du eine richtige Geige.«

Julian nickt mit einem Rucken des Kinns. Seine Mutter ist entsetzt. Sie hat kein Geld für ein neues Instrument. Ihr ist klar, daß ihr Sohn früher oder später eine
richtige Geige braucht, doch sie erinnert sich noch mit
Schrecken an die Besuche bei den Geigenbauern. Diesen
Halsabschneidern traut sie nicht über den Weg, zumal
für sie eine Geige wie die andere ist. Nur sehr wenige
Menschen wissen, was ein gutes Instrument ausmacht.
Die Geigenzettel oder Brandzeichen sind wegen der
zahlreichen Fälschungen das letzte, worauf sich ein Ken-
ner verläßt.

Die Experten verdienen Millionen damit, eine echte
Geige von einer Kopie zu unterscheiden, und sind nicht
gewillt, ihr Wissen mit anderen zu teilen.

Für Doris zählt nur der Klang, und wenn ihrem Sohn
ein Instrument gefällt, sollte das reichen. Doch sie irrt
sich.

Die Geige muß in erster Linie dem Lehrer gefallen.
Und Julians Lehrer findet wie Paganini vor allem Gefallen an seiner Provision. Deshalb schwatzt er jedem Schüler in der ersten Unterrichtsstunde ein neues Instrument
auf.

»Wurlitzer hat eine italienische Geige mit hervorra-
gendem Klang im Angebot. Ich glaube, du solltest sie dir
einmal ansehen.«

Julians Mutter bleibt eine Antwort schuldig. Sie ist am
Boden zerstört. Betretenes Schweigen tritt ein. Der Junge
summt selbstvergessen das »Poème« von Chausson.

»Bis nächste Woche dann. Zehn Uhr.«

So geht es das ganze erste Trimester. Der Professor
treibt an, die Mutter bremst, und Julian träumt vor sich
hin.

Dann steht Weihnachten vor der Tür. Doris hat einiges von ihrem Schmuck verkauft und beschlossen, ihrem
Engel eine richtige Geige zu schenken. Eine Geige, auf

der er sein Leben lang spielen würde. Auf Rat des Professors suchen sie Rembert Wurlitzer auf.

»Professor Schultz hat uns wegen dieser italienischen Geige hergeschickt.«

Sie werden von einer hübschen Sekretärin empfangen, und Doris ahnt sogleich, daß ihr Rang in einem umgekehrten Verhältnis zur Länge ihrer Fingernägel steht. Ihre Aufgabe besteht darin, Kunden zu empfangen, Anrufe entgegenzunehmen und vielleicht hin und wieder einen Satz Saiten zu verkaufen. Die Frau bittet sie, Platz zu nehmen.

Doris und Julian lassen sich auf einem Sofa nieder. Die Wartezeit zieht sich in die Länge, sie beobachten das Kommen und Gehen. Im Nebenraum geht ein offensichtlich bedeutender Musiker erregt auf und ab. Zwei Angestellte umschwärmen ihn wie Ameisen eine Blattlaus. Einige Zeit später dringen Fetzen eines Telefongesprächs aus Wurlitzers Büro an ihre Ohren.

Als Wurlitzer Feierabend machen will, bemerkt er die kleine Familie im Vorraum.

»Was kann ich für Sie tun?«

»Wir sind gekommen, um uns die italienische Geige anzusehen, von der Mister Schultz gesprochen hat.«

»Wer?«

»Schultz, Professor Schultz.«

»Schultz? Ach so, natürlich. Hier entlang bitte.«

Im Büro sagt Doris zu ihrem Sohn:

»Zeig dem Herrn deine Dreiviertelgeige.«

Der Junge hat das Gefühl, einem Arzt vorgestellt zu werden. Seine Mutter behandelt ihn wie ein dressiertes Hündchen. Er klappt den Geigenkoffer auf und will gerade anfangen zu spielen, als Wurlitzer ihm bedeutet innezuhalten.

»Laß mal sehen. Aha, eine französische Schülergeige aus Mirecourt in den Vogesen vom Ende des letzten Jahrhunderts.«

»Warum steht dann Stradivari auf dem Geigenzettel?« fragt Doris.

»Um das Modell zu beschreiben. Außerdem ist eine Geige ohne Etikett keine richtige Geige. Also, wie kann ich Ihnen helfen?«

»Wir würden uns gern diese italienische Geige ansehen.«

»Welche italienische Geige?«

»Die, von der Professor Schultz gesprochen hat.«

»Ach, ja. Entschuldigen Sie meine Zerstreutheit. Es ist spät, und ich bin müde.«

Er eilt aus dem Zimmer und kommt mit zwei Instrumenten wieder.

»Eine Enrico Rocca, Turin, 1905. Und eine Spiritius Sorsana, Como, 1738.«

»Kann er sie ausprobieren?«

»Wir schließen in zwanzig Minuten. So lange können Sie hierbleiben.«

Als er das Zimmer verläßt, ruft Doris ihm hinterher:

»Und wieviel kosten die Geigen?«

»Die Rocca viertausend Dollar und die Sorsana sieben.«

»…«

»Ich muß jetzt gehen. Kommen Sie wieder, wann immer Sie wollen.«

Aufgeregt beginnt Julian zu spielen. Die Rocca, die einen viel zu breiten Hals hat, klingt ungefähr so, wie ein altes Sandwich schmeckt. Die Sorsana klingt recht anständig, sieht aber aus wie das Opfer eines Autounfalls. Mehrere Risse sind nur notdürftig repariert worden, und der darübergepinselte Lack, der sie eigentlich verbergen soll, läßt sie nur um so deutlicher hervortreten.

Doris möchte Julian noch einmal auf seiner Dreiviertelgeige spielen hören. Sie stellt fest, daß ihr Sohn sich mit seiner kleinen Geige viel wohler fühlt und ein Selbstbewußtsein ausstrahlt, das ihm fehlt, wenn er auf einer der sündhaft teuren italienischen Geigen spielt.

»Komm. Wir gehen nach Hause. Der Laden hier gefällt mir nicht, und die Geigen sind ein schlechter Witz.«

Auf dem gesamten Nachhauseweg schimpft die Mutter auf Wurlitzer.

»Er hat uns noch nicht mal fünf Minuten seiner kostbaren Zeit geschenkt, und da erwartet er, daß wir ihm einen Scheck über siebentausend Dollar ausstellen. Der tickt ja nicht richtig. Und woher sollen wir wissen, daß die Geige so viel wert ist. Vielleicht jubelt er uns anstelle einer italienischen Meistergeige eine Schülergeige unter.«

Sie ist so sehr in Rage, daß Julian nicht wagt, ihr zu widersprechen. Erst am nächsten Tag erzählt er ihr, daß er sich in die Sorsana verliebt hat.

Die Sache bereitet Doris Kopfschmerzen. Wie auch immer sie es dreht und wendet, sie weiß nicht, wie sie das Geld auftreiben soll. Wenn sie die Dreiviertelgeige bei Wurlitzer in Zahlung gibt, spart sie gerade einmal fünfzig Dollar. Und als sie die Sache vorsichtig bei der Großmutter des Jungen zur Sprache bringt, setzt diese sie vor die Tür.

Weihnachten liegt bereits einen Monat zurück, und der Professor verliert allmählich die Geduld. Doris beschließt, es auf dem Flohmarkt zu probieren. In der Nähe von Chinatown gibt es ein Brachgelände, wo sich jedes Wochenende Antiquitätenhändler, Trödler, zwielichtige Gestalten, Frühaufsteher, Nachteulen und Neugierige treffen. Hier herrschen eigene Regeln, die Doris nur schwer durchschaut. Es wird lamentiert und gefeilscht, das Konservatorium und Wurlitzers Überheblichkeit erscheinen ihr plötzlich wie ein ferner Luxus. Sie geht von Stand zu Stand und fragt nach einer Geige für ihren Sohn.

An diesem Tag findet sie keine einzige. Jemand erzählt ihr von einem Mann, der frühmorgens den Markt abgrast und alle Geigen aufkauft.

Als sie Silvio vorgestellt wird, vertraut sie ihm auf Anhieb. Sein rundes, freundliches Gesicht zeugt von seiner Gutmütigkeit. Arglos folgt sie ihm zu seiner Wohnung. Dort zeigt er ihr seine drei Dutzend Instrumente, die ordentlich auf Regalen liegen. Viele sind in einem erbärmlichen Zustand, doch unter den zerbrochenen, zerkratzten oder wieder zusammengeflickten Instrumenten entdeckt Doris auch einige unversehrte Violinen. Silvio will ihr tatsächlich helfen und schlägt vor, sie solle ihren Sohn holen gehen.

Julian sucht sich eine deutsche Geige vom Beginn des 20. Jahrhunderts aus, die ein Stainer-Brandzeichen trägt.

Er spielt tagelang wie ein Besessener auf seiner Neuanschaffung, doch als er sie stolz seinem Lehrer vorführt, fährt dieser ihn wütend an.

»Was ist das für ein Ramsch?«

»Es ist eine ...«

»Wie kann man sich nur so über den Tisch ziehen lassen?«

»Sie klingt sehr gut, und ...«

»Du bringst sie sofort wieder dahin, wo du sie herhast, und dann wartest du, bis ich eine Geige für dich gefunden habe.«

Der Junge bricht in Tränen aus und rennt nach Hause. Doris gelingt es nicht, ihn zu trösten. Sie spürt, daß etwas in ihm zerbrochen ist, redet sich aber ein, daß solche Feuerproben zur Laufbahn eines Violinspielers dazugehören und Julians Willen stärken.

Die folgenden Monate sind für Julian ein einziges Martyrium. Sein Lehrer quält ihn, und er weiß, daß er bei den Prüfungen am Ende des Schuljahres durchfallen wird. Mit leerem Blick schleppt er sich zum Unterricht. Seine Mutter sieht, wie es mit ihm bergab geht, doch auch mehrere Besuche bei Schultz und beim Direktor des Konservatoriums ändern nichts daran. Julian muß das Jahr wiederholen. Doris setzt durch, daß er einen anderen Lehrer bekommt, aber seine Begeisterung ist erloschen. Sie weiß nicht mehr ein noch aus. Jahrelang hat sie alles auf eine Karte gesetzt – auf seine musikalische Ausbildung. Mittlerweile schwänzt Julian den Unterricht und hat das Interesse an der Musik verloren. Genauer gesagt, an der klassischen Musik, denn Doris stellt mit Entsetzen fest, daß ihr Sohn einen Nachtclub besucht, in dem Schwarze verruchte Musik spielen. Es handelt sich um eine neue Musik aus dem Süden, die Jazz genannt wird.

Ihre Pläne zerplatzen wie Seifenblasen.

Sie gibt Schultz und dem Konservatorium die Schuld an dem Desaster. All ihre Bemühungen, der Armut zu entfliehen und den sozialen Aufstieg zu schaffen, sind vergebens gewesen.

Julian beginnt zu trinken, sein Äußeres zu vernachlässigen und mit Kraftausdrücken um sich zu werfen. Ihr Verhältnis ist angespannt, sie reden kaum noch miteinander. Da die Mutter nicht weiß, womit ihr Sohn seine Zeit verbringt, stellt sie sich die schlimmsten Dinge vor:

sexuelle Eskapaden und Ärger mit der Polizei. In ihren Augen freundet Julian sich mit Abschaum an, anstatt gemeinsam mit ihr nach Höherem zu streben. Meistens verschläft er den Tag, um sich von seinem nächtlichen Treiben zu erholen. Daß seine schwarzen Freunde auch noch die Frechheit besitzen, sich über sie lustig zu machen, stürzt sie in tiefe Verzweiflung.

Bei einem Streit beklagt sich Julian über ihre niedere Herkunft, als wäre sie ein Erbfehler. Zutiefst verletzt, kommt sie auf die absurdesten Ideen. Sie überlegt, ihren Sohn einzusperren und ihn mit Beruhigungspillen vollzustopfen, bis er Vernunft annimmt, oder mit ihm an die Westküste zu ziehen, wo die Orchester händeringend talentierte Nachwuchsmusiker suchen.

Eines Morgens entdeckt sie im Schaufenster des Zeitschriftenhändlers ein Plakat, das einen Auftritt von Jascha Heifetz ankündigt. Bei ihrer Heimkehr legt sich Julian gerade schlafen. Sie beschließt kurzerhand, etwas von ihren Ersparnissen zu opfern und zwei Eintrittskarten zu kaufen.

Seit seine Musik über das Radio Millionen amerikanische Haushalte erreicht, spielt Heifetz immer vor vollen Häusern. Seine Fans stehen selbst im strömenden Regen stundenlang Schlange. Doris hofft, daß sich ihr Sohn die rasante Karriere dieses Einwanderers zum Vorbild nimmt, und hat sich für das Ereignis herausgeputzt. Knallroter Lippenstift vergrößert ihren Mund, bei jedem ihrer Schritte stäubt Puder auf.

Julian beobachtet fasziniert, wie die Carnegie Hall vor Erregung bebt. Die Anspannung ist im Parkett und in den Logen spürbar und versetzt Platzanweiser und Musiker gleichermaßen in Aufruhr. Selbst die Toilettenfrau, die sich etwas Kleingeld verdient, hat so etwas noch nie gesehen. Die Konzertbesucher laufen umher wie kopflose Hühner. Viel häufiger als sonst hasten Leute an ihr vorbei, ohne ein paar Münzen auf ihren Porzellanteller zu legen.

Auch wenn er die Stimmung in einem Konzertsaal kurz vor Beginn der Aufführung kennt, erlebt Julian zum ersten Mal eine so fieberhafte Unruhe. Es dauert länger als sonst, bis es im Zuschauerraum still wird, der Konzertbeginn verzögert sich.

Der Auftritt des Violinisten ist überwältigend. Er endet mit einer Partita von Bach in atemberaubendem Tempo. Als das Publikum sich nicht mehr auf den Sitzen hält und »Zugabe« brüllt, schleicht Doris hinter die Bühne. Sie wartet auf den Maestro und hofft, ihm ihren Sohn vorstellen oder wenigstens ein Autogramm erhaschen zu können.

Mehrere Konzertbesuche sind Teil ihres Plans, Julian wieder zum Unterricht zu überreden, doch die Anziehungskraft des Jazz ist größer. Zudem hat diese Musik den Vorteil, weniger Übung zu erfordern.

Julian sieht schuldbewußt zu, wie seine Mutter sich abmüht, um ihn zurück auf einen Weg zu führen, den er längst aufgegeben hat. Er rechtfertigt seine Entscheidung damit, daß er ohnehin nicht gegen Musiker bestehen könnte, die auf teuren italienischen Violinen spielen. Doris, die Unsummen für seine musikalische Ausbildung ausgegeben hat, weint vor Wut.

»Du verschwendest dein Talent, um Negermusik zu spielen!«

Die Sehnsucht nach einem besseren Leben ist eine starke Triebkraft. Schließlich verrennt sich Doris in die Idee, ihrem Sohn eine Stradivari zu besorgen, damit alle Welt sieht, welch ein Genie er ist. Da sie mit Gesetzestreue nicht weiterkommt, entscheidet sie sich für das Verbrechen.

»Warte hier.«

Doris schlendert zum Künstlereingang und spricht den Nachtportier an.

»Ich komme wegen des Solisten, wie heißt er noch gleich?«

»Keine Ahnung.«

»Dobermann oder so ähnlich?«

»Ja, ich glaube schon.«

»Ich bin mit meinem Sohn hier. Können wir vielleicht im Treppenhaus auf ihn warten? Der Wind hier draußen ist so kalt.«

»Kein Problem, nur herein.«

Der Portier, dessen Haut schwarz wie Ebenholz ist, schenkt ihr aus seinem Kabuff, in dem er Wache hält, ein strahlendes Lächeln. In New York sind Portiers üblicherweise schwarz, während Violinspieler wie selbstverständlich weiß sind. Julian ist nicht wohl bei der Sache, und so lächelt er dem Wächter verlegen zu, was dieser mit einem Augenzwinkern beantwortet. Der Junge bereut, sich auf das Abenteuer eingelassen zu haben, und fürchtet, einen Fehler in dem Plan zu entdecken, den seine Mutter ausgeheckt hat.

Doris hat sich einen ausländischen Solisten zum Opfer erkoren, weil sie der Meinung ist, daß die amerikanische Polizei in solch einem Fall weniger Eifer an den Tag legt. Als sie erfährt, das Huberman gleich zwei Violinen bei sich trägt, steht ihr Entschluß fest. Zwei Geigen, das ist eine zu viel. Das Schicksal hat ihr dieses Geigenpaar in die Hände gespielt, damit ihr Julian endlich seine Stradivari bekommt. Er hat sie sich so sehr verdient.

Sie nimmt eine Zigarette aus der Handtasche, geht zur Tür und schickt sich an, sie anzuzünden.

»Rauchen Sie?«

»Im Dienst ist es verboten.«

»Kommen Sie, ich schenke Ihnen eine Zigarre.«

Julian verfolgt mit aufgerissenen Augen, wie sie dem Portier eine Havannazigarre reicht. Doris ist eine hervorragende Schauspielerin, und sie scheint sich ihres Erfolges so sicher, daß sie ungeheuer überzeugend wirkt. Genießerisch führt der Portier die Zigarre zur Nase und atmet den würzigen Geschmack ein. Als er die Zigarre vorsichtig in die Tasche seiner Uniform gleiten läßt, nickt sie mit dem Kopf zur Straße hin und tritt ihren Zigarettenstummel unter dem Absatz aus.

»Wenn Sie zum Rauchen rausgehen wollen, halte ich hier die Stellung und rufe Sie zu Beginn der Pause.«

Der Portier zögert. Nach einem raschen Blick über die Schulter tritt er auf den Gehsteig, reißt ein Streichholz an und pafft. Rauch steigt auf, die Carnegie Hall ist unbewacht, und Doris nutzt die Gelegenheit.

»Jetzt!« raunt sie ihrem Sohn zu.

Der Junge hastet die Treppe in den ersten Stock hinauf, als würde er von dem Luftzug getragen, der durch das Öffnen der Tür entstanden ist. Das Warten hat sich schier endlos hingezogen. Jetzt, wo es endlich losgeht, fällt alle Nervosität von ihm ab. Mit der Kraft und Schnelligkeit eines Tiers, das einen Ausweg aus seinem Käfig gefunden hat, rennt Julian den Flur entlang. Die Garderobe des Solisten ist durch ein kleines schwarzes Rechteck gekennzeichnet, auf dem mit Kreide »Bronislaw Huberman« geschrieben steht. Als die Tür hinter ihm ins Schloß fällt, wird es still. Das gedämpfte Licht gibt ihm das Gefühl, eine andere Welt betreten zu haben. Sein Blick fällt auf die Stradivari, die in ihrem Versteck schlummert, während die Guarneri auf der Bühne jubiliert.

Er packt die Geige, schiebt sie durch einen Schlitz im Futter seines Mantels und schleicht zum Notausgang. Draußen umrundet er das Gebäude, wechselt die Straßenseite und läuft vier Häuserblocks weit in Richtung East River. Er bleibt vor der Nummer 140 East 56th Street stehen, atmet tief durch und geht hinein.

Der *Russian Bear* ist Julians zweites Zuhause. In der verrauchten Luft des Jazzclubs würde jeder Ungeübte prompt ersticken. An den Wochenenden tritt Julian hier auf, und jetzt gesellt er sich zu seinen Kollegen, als ob nichts wäre. Vorsichtig legt er den gefütterten Mantel ab und zieht sein Kosakenkostüm aus grünem Satin an. Er holt die Geige aus dem Schrank, die seine Mutter auf dem Flohmarkt gekauft hat, und grinst in sich hinein, während er die Saiten mit einem Tuch abreibt, um sie vom überschüssigen Kolophonium zu befreien.

Kurz nachdem der Pförtner die Havanna zu Ende geraucht hat und an seinen Platz zurückgekehrt ist, ertönt das entfernte Murmeln, das den Beginn der Pause anzeigt.

»Der Junge ist den Maestro suchen gegangen, um sich ein Autogramm zu holen.«

Doris wirft dem Pförtner einen Blick zu, um sicherzugehen, daß er keinen Verdacht schöpft, und gibt vor, ihren Sohn suchen zu wollen.

»Er wartet bestimmt im Foyer auf mich.«

Sie eilt zum Jazzclub, holt den Mantel ab und hastet nach Hause. Als sie die Tür hinter sich zuzieht, bricht sie in irres Gelächter aus. Die Adrenalinstöße der letzten Stunden haben sie ausgelaugt. Das Blut weicht ihr aus dem Kopf, die Beine werden schwer, sie muß sich hinlegen, um nicht ohnmächtig zu werden. Die reibungslose Umsetzung ihres Plans erfüllt sie mit Genugtuung. Endlich kann sie sich für alles erlittene Unglück rächen und Professor Schultz eins auswischen. Es ist fast so, als hätte sie einen zweiten Sohn geboren, einen vollkommen neuen Julian, der einen Glücksbringer bei sich trägt: eine Stradivari! Trotz ihrer Müdigkeit fühlt sie sich stark und bereit, der Welt die Stirn zu bieten. Von nun an würde das Vorspielen Julian leichter fallen, er würde wieder üben und ans Konservatorium zurückkehren.

Julian verbringt einen Abend wie viele andere im Club. Als Jüngster ist er das Maskottchen der Gruppe, seine Soli sind beim Publikum sehr beliebt. Er schwitzt im Rampenlicht, während die Gäste des *Russian Bear* sich unterhalten und rauchen und trinken, was das Zeug hält. Nach seinem Auftritt kehrt er nach Hause zurück. Als er behutsam die Tür öffnet, scheint Doris zu schlafen. Er schickt sich an, mit dem Bogen über die Saiten der Stradivari zu streichen, als seine Mutter hochschreckt.

»Was ist?«

»Schscht, die Nachbarn.«

Plötzlich fällt ihr der gelungene Streich wieder ein, und sie streckt ihrem Sohn die Hände entgegen.

»Wir haben es geschafft.«

»Schscht.«

»Schultz wird sein blaues Wunder erleben.«

»Schschscht.«

Während in der Carnegie Hall noch fieberhaft nach Hinweisen auf die Täter gesucht wird, fallen Mutter und Sohn in einen tiefen Schlaf.

Als die Ermittler den Portier zum Ablauf des Abends befragen, erzählt er ihnen nicht die Wahrheit. Er behauptet, nichts Ungewöhnliches bemerkt zu haben, obwohl er sehr wohl einen Zusammenhang zwischen der Frau mit der Zigarre und dem Diebstahl sieht. Die hochnäsigen Polizeibeamten werden den Fall sicher auch ohne seine Hilfe lösen. Er genießt sogar ein bißchen das Gefühl, etwas zu wissen, was sonst niemand weiß, und diese eingebildeten Schnösel, die seit Jahren durch ihn hindurchsehen, im dunkeln tappen zu lassen.

Erst nach einigen Tagen begreifen Doris und Julian das Ausmaß ihrer Tat. Als sie den ersten Zeitungsartikel lesen, sind sie stolz und freuen sich über ihren Erfolg. Sie wundern sich zwar, daß er auf der Titelseite erscheint. Doch erst als die anderen Zeitungen die Meldung aufgreifen, beginnen sie sich Sorgen zu machen. Bestürzt verfolgen sie die Ermittlungen und lesen, daß Privatdetektive den Fall übernommen haben und eine Belohnung ausgesetzt worden ist. Ihre Euphorie schlägt in Paranoia um. Die Gibson, die sie unter dem Bett versteckt haben, ist zu einer drückenden Last geworden, die Doris nachts nicht schlafen läßt. Eines Morgens rüttelt sie Julian wach.

»Geh Zeitungen und eine Flasche Alkohol kaufen. Wir machen ein Feuer in der Dusche.«

»Bist du verrückt? Es ist meine Geige. Wir verstecken sie und warten ab. Vergiß die Sache für eine Weile.«

»Der Portier wird uns verpfeifen. Die Belohnung ist doppelt so hoch wie sein Jahresgehalt.«

»Dann wäre die Polizei schon längst hier. Du rührst die Geige nicht an.«

»Die Fahndungsplakate hängen überall. Keiner darf die Geige zu Gesicht bekommen.«

»Du rührst sie nicht an. Laß mich nur machen.«

Überrascht von dem ungewohnten Befehlston, versteckt sie die Gibson hinter einem Wäschestapel.

Einige Monate später, als etwas Gras über die Sache gewachsen ist, sucht Doris immer noch nach einem Weg, das Corpus delicti loszuwerden. Sie hat genügend Verstand, um zu wissen, daß die Geige unverkäuflich ist. Sie würden im Handumdrehen verhaftet werden, und die Aussicht auf ein Leben hinter Gittern erscheint ihr alles andere als verlockend. Julian beharrt auf dem ursprünglichen Plan. Er kann es kaum erwarten, den Klang der Stradivari auf der Bühne des Clubs auszuprobieren.

Nach langem Hin und Her beschließen sie, das Instrument umzulackieren. Doris kauft beim Eisenwarenhändler um die Ecke Bootslack und macht sich daran, ihn mit einem breiten Pinsel aus Schweineborsten aufzutragen, aber Julian fällt ihr in den Arm. Wie alle jungen Leute legt er großen Wert auf Äußerlichkeiten und spürt, daß seine Mutter einen unverzeihlichen Fehler begeht. Auch wenn er einsieht, daß der schimmernd rote Lack verräterisch ist, will er keine Geige, die aussieht wie ein von einem Rentner bepinseltes Modellboot. Er schlägt vor, Silvio, den Mann vom Flohmarkt, um etwas Geigenlack zu bitten, vorgeblich, um die Schülergeige auszubessern, die sie ihm drei Monate zuvor abgekauft haben.

Nach mehreren Versuchen haben sie endlich die richtige Rezeptur gefunden. Sie mischen dem Geigenlack einen natürlichen Farbstoff bei. Die Stradivari ist nicht mehr wiederzuerkennen. Sie sieht stumpf wie ein alter Teppich aus. Es ist, als säße Julian am Steuer einer Rostlaube mit Formel-1-Motor. Genüßlich erforscht er die neuen musikalischen Möglichkeiten und entdeckt Lösungen für technische Schwierigkeiten, die ihm bisher unüberwindlich erschienen sind.

Ein paar Tage später nimmt er sein neues Instrument mit in den Club, niemand schöpft Verdacht. Ein Kollege bemerkt zwar einen Unterschied im Klang, doch in der Dunkelheit und bei dem dichten Zigarettenqualm kann man ohnehin nicht viel sehen. Außerdem liegt der Club nur wenige hundert Meter von der Carnegie Hall entfernt. Wer käme schon auf die Idee, daß die Geige sich immer noch ganz in der Nähe des Orts befindet, an dem sie gestohlen wurde?

Der *Russian Bear* besteht aus einem langgestreckten Raum. Im hinteren Teil ist eine kleine Bühne mit einem Schlagzeug aufgebaut. An den Vierertischen wird Essen serviert, während die im Boden verschraubten Barhocker an der Theke Stammgästen vorbehalten sind. Die Tische und die Theke haben eine klebrige Oberfläche, damit die Gläser nicht so leicht umfallen, wenn zu Stoßzeiten die Leute nach vorne drängen, um die Jazzband zu sehen. Schmutziges Sägemehl verdeckt die Löcher im Betonboden.

Eine Spezialität des Hauses hat dem Club seinen Namen gegeben: Der »Russian Bear« ist ein Cocktail aus Wodka, Kakaolikör, Puderzucker und einem Schuß Sahne. Er wird mit Eis und zur Belustigung der Gäste manchmal mit einem antisowjetischen Scherz serviert. Der Barbesitzer, dessen Akzent seine slawische Herkunft verrät, ist ein Albino und verträgt kein Sonnenlicht. Die helle Haut und die vom Tabakqualm vergilbten Augenbrauen unterscheiden ihn auf den ersten Blick von seinen Kellnern. Er ist während einer Europatournee des Bolschoi-Balletts aus der UdSSR geflohen.

»Erzähl doch noch mal, wie du der sowjetischen Geheimpolizei ein Schnippchen geschlagen hast.«

Während er unermüdlich Gläser abtrocknet, zieht der Russe mit zusammengekniffenen Augen an seiner Zigarette.

»*Tak!* Ich war mit dem Orchester und zwei Agenten der GPU, die uns bewachen sollten, im Hotel.«

»Zwei Polizisten für ein ganzes Orchester?«

»Das reicht. Sie wissen genau, wer wegwill. Die Erlaubnis, auf Tournee ins Ausland zu gehen, erhalten nur vertrauenswürdige Subjekte, die dem System blind ergeben sind.«

»Und das gilt für die Orchestermitglieder?«

»Die sind schlimmer als die Geheimpolizei. Mich glaubten sie durch die Papiere und die Geige in der Hand zu haben.«

»Was für Papiere?«

»Sie geben dir gerade genug Geld, um jeden Tag ein belegtes Brot zu kaufen. Dafür mußt du Papiere unterschreiben, die deine Angehörigen in Schwierigkeiten bringen, falls du fliehen solltest.«

»Und die Geige?«

»Ich hatte auf internationalen Wettbewerben zahlreiche Preise gewonnen. Ich war eine große Hoffnung, ein Vorbild für die Jugend. Deshalb habe ich eine Guarneri aus der Staatssammlung bekommen. Der Agent, der mich bewachen sollte, war überzeugt, daß ich mich niemals ohne sie aus dem Staub machen würde. Er glaubte, er müsse nur die Geige im Auge behalten.«

Fasziniert begreift Julian, daß er nicht der einzige ist, dessen Leben sich um eine Violine aus Cremona dreht.

»Ich habe die Guarneri in dem Zimmer gelassen, das ich mit dem Agenten geteilt habe, und bin auf und davon. Außerdem prangten Hammer und Sichel auf den Zargen. Die Geige wäre nur schwer zu verkaufen gewesen.«

Julian mag das Leben eines Clubmusikers. Es fällt ihm nicht im Traum ein, ans Konservatorium zurückzukehren. Die Frauen im Club sind wesentlich hübscher. Seinen unverhofften Erfolg beim weiblichen Geschlecht schreibt er der Stradivari zu. Als Jazzmusiker verdient er sogar genug Geld, um sich ein Grammophon zu kaufen. Zu Hause begleitet er seine Idole, um in Übung zu bleiben. Bald kennt er sämtliche Jazzhits der Vorkriegszeit auswendig. Die Schallplatten besorgt er sich am Wochenende auf dem Flohmarkt. Er muß früh aufstehen, damit ihm die Raritäten nicht vor der Nase weggeschnappt werden. Mit anderen Sammlern, denen er auf dem Flohmarkt begegnet, und Gästen des Clubs tauscht er Platten und legt sich so eine umfängliche Sammlung zu.

Julian grinst jedes Mal in sich hinein, wenn er an der Carnegie Hall vorbeikommt und die Menge in den Saal strömt, um dem Star des Tages zuzujubeln.

Doris hingegen geht es nicht gut. Sie hat stark zugenommen, gerötete Augenlider betonen ihr bleiches Gesicht. Mit den Träumen ist auch ihre Kraft verschwunden. Sie sieht tatenlos zu, wie ihr Sohn in der Grand Central Station Touristen bestiehlt, um seinen Lohn aufzubessern. Abends kehrt er nach Hause zurück, zählt seine Beute und versucht nicht einmal, die Tütchen mit dem weißen Pulver vor ihr zu verstecken. Mittlerweile hat er die von seiner Mutter geerbte Gerissenheit perfektioniert. Der Trick mit dem Schlitz im Mantel hat sich bewährt. Durch ihn kann er den Leuten unbemerkt die Geldbörse aus der Tasche ziehen. Außerdem hat er seinen Pullover unten mit dem Hemd zusammengenäht. Wenn er sich am Kinn kratzt, kann er Uhren und Schmuck heimlich in seinem V-Ausschnitt verschwinden lassen.

Nachdem Doris' Leiche abtransportiert worden ist, stürzt Julian Altman in ein tiefes Loch. Er beginnt hemmungslos zu trinken. Alles dient ihm als Vorwand, sich zu besaufen: der Kriegseintritt der USA ebenso wie die Hochzeit des Barmanns im *Russian Bear*. Er braucht immer mehr Alkohol, um sich überhaupt noch betrunken zu fühlen.

Der Schlagzeuger beschafft ihm inzwischen regelmäßig Kokain bester Qualität, das angenehm auf der Zunge kribbelt. Nach jeder Dosis fühlt Altman sich unbesiegbar und spielt Soli, die das Publikum zu Begeisterungsstürmen hinreißen.

Doch Kokain ist teuer, und so muß er immer häufiger auf Diebestour gehen. Wenn er pleite ist, nimmt er die U-Bahn zum Times Square, wo sich die Menschen drängen. Dank seiner Körpergröße kann er seine Opfer wie ein Adler in seinem Horst ausspähen. Er sucht sich Menschen aus, die allein unterwegs sind und so aussehen, als würden sie keinen großen Widerstand leisten, falls etwas schiefgeht. Besonders hat er es auf unbegleitete Frauen und Alte abgesehen. Wenn sich der Zug quietschend in die Kurve legt, tut er so, als verlöre er das Gleichgewicht, und greift unbemerkt nach seiner Beute. Dann entschuldigt er sich wortreich und scherzt bis zur nächsten Haltestelle mit dem Opfer. Nach zwei oder drei Anläufen verläßt er die U-Bahn und tauscht Dollars und Schmuck gegen weißes Pulver. Sein Dealer nimmt sogar Füllfederhalter entgegen, wenn sie eine Goldfeder haben.

Die Stimmung in der Jazzband verschlechtert sich zusehends. Altman kommt immer häufiger zu spät oder verschwindet im Hinterzimmer, um sein Aufputschmittel zu schnupfen. Es gibt oft Streit. Die anderen werfen ihm vor, genausoviel Trinkgeld zu kassieren wie sie, obwohl er kaum noch auftritt. Hinter dem Ruf nach Gerechtigkeit wittert Altman puren Neid.

Seit der Aufstieg von Bill Haley and the Comets das endgültige Ende der fünfziger Jahre eingeläutet hat und die Jugend sich vom Jazz abwendet, hat sich das Publikum im *Russian Bear* verändert. Die jungen Frauen sind sämtlich in Elvis vernarrt. Statt ihrer kommen nun mürrische Arbeiter in die Bar, die ihrer verlorenen Jugend nachtrauern.

Altman verdient immer weniger. Der Club geht in andere Hände über. Der neue Besitzer eröffnet ein russisches Restaurant, dessen Tischdecken mit einem rot-grünen Blumenmuster verziert sind. Samoware, Kerzenständer und Porzellangeschirr ersetzen die Säufer und Musikliebhaber, die bislang die Theke bevölkert haben. Die Jazzband ist auf zwei Mitglieder geschrumpft: einen Gitarrenspieler und Altman mit seiner Geige. Sie ziehen von Tisch zu Tisch und bringen Gästen ein Ständchen, die sich einen Dreck um ihre Musik scheren. Altmans von Drogen benebeltes Hirn füllt sich mit Stücken von Django Reinhardt.

Er läßt sich ziellos treiben und lebt von einem Tag zum nächsten.

Für Huberman kommt das Verschwinden seiner Geige einer Amputation gleich. Er ist deprimiert und hat häufig Schmerzen im rechten Arm. Bei seiner Flucht aus Österreich mußte er alles zurücklassen. Jetzt scheint auch noch seine letzte Verbindung zur europäischen Kultur verloren. Er fühlt sich einsam in diesem unermeßlich großen Land, ißt wenig, schläft schlecht und antwortet mit schwacher Stimme auf die Fragen der Ermittler. Noch Wochen nach dem Diebstahl geht er nur ungern vor die Tür. Er weigert sich, Termine wahrzunehmen, und sagt sämtliche Auftritte ab.

Manchmal, wenn er sich schlaflos im Bett herumwälzt, verläßt er im Morgenmantel das Haus und geht in das Café, in dem er sonst immer frühstückt. Dort hockt er zusammengesunken auf einem Stuhl, dessen schmieriger Bezug nach Frittierfett stinkt, und wartet, bis es Morgen wird. Wenn bei Sonnenaufgang die ersten Gäste hereinkommen und der Milchmann seine Runde dreht, kehrt er nach Hause zurück, um sich schlafen zu legen.

Eines Morgens begegnet er einem jungen Mann mit einem Geigenkasten. Unwillkürlich bleibt er stehen und starrt dem Musiker entgegen.

»Was zum Teufel hat ein Geigenspieler um diese Uhrzeit auf der Straße zu suchen?«

Er muß sich mächtig zusammenreißen, um nicht laut mit der Frage herauszuplatzen und den Passanten argwöhnisch ins Verhör zu nehmen. Als der Mann an ihm vorbeigeht, stiert Huberman auf den Geigenkasten, als könnte er ihn zwingen, sein Geheimnis preiszugeben. Er ist von seiner Stradivari wie besessen, sein Hirn sendet unaufhörlich falsche Signale. Überall sieht er die Geige: im Bus, im Fernsehen, bei Freunden. Sobald er irgendwo Musik hört, denkt er an die Gibson. Schließlich können nur noch Beruhigungsmittel seinen Wahnvorstellungen ein Ende setzen.

Als der Frühling kommt und er wieder Konzerte gibt, kehrt seine Lebensfreude allmählich zurück. Die Episode von Carnegie Hall hat den Kreis seiner Fans um die Leser der Klatschpresse erweitert. Sein Agent ist hocherfreut, sich endlich wieder an die Arbeit machen zu können, und reibt sich die Hände.

Eines Tages besteigt Huberman während einer Asientournee ein zweimotoriges Flugzeug der Royal Dutch Air nach Java. Er legt sich auf einige freie Sitze im hinteren Teil der Maschine, um etwas auszuruhen. Als der Motor zu stottern beginnt, schreckt er hoch. Er wirft einen Blick aus dem Fenster und sieht entsetzt, daß außen an der Scheibe Ölschlieren hinunterlaufen. Bevor er dem Steward Bescheid geben kann, hört er, wie der Pilot im Cockpit einen Schrei ausstößt. Das Flugzeug kippt über den Flügel ab.

Aus dieser Höhe wirkt Indonesien wie ein Puzzle aus Tausenden von Inseln, die auf dem tiefblauen Ozean schwimmen.

Sein Kampf gegen das Naziregime schießt ihm durch den Kopf. Vor seinem inneren Auge sieht er, wie Goebbels und seine Schergen schallend über seinen absurden Tod lachen. Als das Flugzeug abstürzt, stellt er sich seine vom Meerwasser aufgedunsene Leiche vor, die an einem Strand angespült wird. Er drückt Idas Hand und denkt an die Gibson. Ihm kommen mehr oder minder bedeutungsvolle Dinge in den Sinn: seine Kindheit, sein Unterricht in Paris, die Streitgespräche mit Feuermann.

Der Pilot versucht bei Palembang eine Notlandung. Die Passagiere verschränken die Arme über dem Kopf und rechnen mit dem Schlimmsten. Der Aufprall, bei dem die Flügel in einem Funkenregen in Stücke gerissen werden, erscheint ihnen vergleichsweise sanft. Das Flugzeug bricht auseinander, die Passagiere im vorderen Teil der Maschine werden von den Stelzwurzeln eines Mangrovenbaums zerquetscht. In der Stille nach dem Absturz ist nur noch das Zischen des Meerwassers zu hören, das in den einige Dutzend Meter vom Wrack entfernt gelandeten Triebwerken kocht.

Der Mangrovensumpf ist ein Paradies für Mücken und Vögel, nicht aber für diesen Fremdkörper aus Metall und Leder. Nach wenigen Minuten beginnen Salz, Sonne und Insekten die vom Himmel gefallenen Eindringlinge zu attackieren.

Unter den neun Passagieren sind vier Tote und fünf Verletzte. Keines der drei Besatzungsmitglieder hat den Absturz überlebt.

Mehrere Stunden der Verzweiflung verstreichen, bis die Rettungskräfte eintreffen.

Huberman und seine Freundin sind unter den Verletzten, wie alle anderen, die hinten im Flugzeug gesessen haben. Mit Knochenbrüchen im Unterarm, in der rechten Mittelhand und im Brustkorb wird der Violinist ins Krankenhaus der *Shell Petrol Company* in Sumatra gebracht. Er bleibt fünf Wochen dort. Seine Guarneri, die wundersamerweise keinen Schaden genommen hat, liegt neben ihm auf dem Bett. Ida ist nur leicht verletzt und umsorgt ihn liebevoll. Weil er sich ein Loch im rechten Lungenflügel zugezogen hat, erkrankt er an einer schweren Lungenentzündung. Fern von zu Hause, den rechten Arm im Gipsverband, aus dem violett verfärbte Finger hervorschauen, glaubt er, nie wieder einen Bogen halten zu können.

Nachdem er dem Tod so knapp entronnen ist, will er sich auf das Wesentliche konzentrieren und Ordnung in sein Leben bringen. Es ist an der Zeit, den Tatsachen ins Auge zu sehen und sich von der Gibson zu verabschieden. Die Geige wird nie wieder auftauchen. Wahrscheinlich hat der Presserummel dem Dieb Angst eingejagt, und das Instrument ist längst zerstört.

Mit der linken Hand schreibt Huberman einen Brief an die Privatdetektive und bittet sie, den Fall abzuschließen. Er teilt ihnen seine Kontonummer mit und die Adresse, unter der sie seine Sekretärin erreichen können.

Toplis & Harding Inc. wenden sich an die Versicherung. Huberman ist einer der wenigen Violinspieler, dessen Geigen versichert sind. Das Mißtrauen der Versicherungsgesellschaft ist geweckt. Um ihre Zweifel aus dem Weg zu räumen, rufen sie im Detektivbüro an und erkundigen sich nach Huberman.

Ihr Verdacht wird schnell entkräftet, da der Konzertvioliinist nicht das Profil eines Betrügers hat. Sie erfahren, daß die Geige schon einmal gestohlen wurde, 1919 in Wien. Der damalige Täter, den man kurz darauf faßte, kam für drei Jahre ins Gefängnis. Er hatte versucht, einem ortsansässigen Geigenbauer die Gibson zu verkaufen. Nach dieser bitteren Erfahrung schloß der Solist für jedes seiner Instrumente einen Versicherungsvertrag ab.

Einige Wochen später erhält Huberman einen Scheck über achttausend Pfund Sterling.

Als der Krieg zu Ende ist, packt Huberman die Sehnsucht nach der alten Heimat. Er verläßt New York und zieht in die Schweiz, wo er 1947 stirbt.

Das *Palestine Symphony Orchestra* ehrt ihn mit mehreren Konzerten, während Altman Abend für Abend in den Bars der Ostküste auf der verschollenen Stradivari spielt.

Altman hat Pech: er stiehlt eine Uhr, die er nicht hätte anrühren dürfen. Sie umschließt ein Handgelenk, das über den Arm mit der Schulter eines wehrhaften Rentners verbunden ist. Auf der Wache liefert der Taschendieb den Polizisten einen so überzeugenden Beweis seiner schauspielerischen Fähigkeiten, daß sie ihn umstandslos in die Irrenanstalt einweisen. Altman ist sich für nichts zu schade, um den Hütern des Gesetzes zu entkommen, und die Polizisten sind froh, den tobenden Wahnsinnigen loszuwerden.

Sein Verhalten ändert sich jäh, als er in der Anstalt eintrifft. Er zeigt sich von der besten Seite und läßt seinen Charme spielen, damit man ihn nach Hause schickt. Der Psychiater überlegt, ob er es mit einem Simulanten zu tun hat, beschließt dann aber, ihn einige Tage zur Beobachtung dazubehalten. Die Stunden vergehen. Altman wartet vergeblich darauf, aus der Hölle entlassen zu werden, in die man ihn verbannt hat. Als ihm klar wird, daß der Arzt nicht daran denkt, ihm die Freiheit zu schenken, verläßt ihn der Mut. Seine Demonstration von geistiger Gesundheit hat die Ärzte nicht überzeugt. Inzwischen ersetzen Pillen die Substanzen, die er draußen konsumiert hat. Ihm dämmert, daß ihm diesmal niemand hilft. Seine Mutter ist nicht mehr da, um seine Fehler auszubügeln. Seine Beklemmung schlägt in Jähzorn um. Eines Nachts löst ein Mitinsasse einen regelrechten Tobsuchtsanfall bei ihm aus. Der Mann schleicht an sein Bett, um ihn mit Seife einzureiben. Als Altman die kalten Hände auf seinem Bauch spürt, brüllt er los und schlägt wild um sich. Fußtritte und Fäuste treffen mal den Mann, mal die Bettpfosten. Die Pfleger beenden die Keilerei, die Altman mehrere Prellungen und ein Gespräch mit dem Oberarzt einbringt. Mit überheblicher Miene unterzieht der Psychiater ihn einer Befragung. Altman spuckt ihm eine Haßtirade entgegen. Wie ein Tier, das in der Falle sitzt, rennt er gegen die Mauern der Institution an. Der Arzt ist froh, daß der Patient ihm endlich einen Anlaß liefert, seinen Beruf auszuüben. Er beobachtet ihn gelassen und macht sich Notizen. Als Altman sich etwas beruhigt hat, fragt der Arzt ihn, was er sich wünscht.

»Meine Stradivari.«

»Stradivari?«

»Meine Geige.«

»Sie besitzen eine Geige?«

»...«

»Sie besitzen eine Geige?«

»...«

Der Psychiater schlägt die Akte auf und sucht nach dem Eintrag für den Beruf des Patienten. Violinspieler.

»Was ist ihr Lieblingsstück?«

»*Let me out.* Sagt Ihnen das was?«

In dem kleinen Büro tritt Schweigen ein. Altman starrt mit leerem Blick auf die vergitterten Fenster.

»Erzählen Sie mir von Ihrer Kindheit.«

»Ich will Ihnen nichts erzählen. Ich will hier raus. Ich bin nicht verrückt, und Ihre Pillen machen mich krank.«

»Ich könnte Ihnen etwas Musik vorspielen.«

Als der Psychiater eine Schallplatte auflegt, krümmt Altman sich zusammen und preßt die Hände auf die Ohren.

Die Musik rieselt wie Sand durch seine Finger und dringt an sein Trommelfell. Die Melodie weckt Erinnerungen an längst vergangene Zeiten. Er beginnt, die Melodie mitzusummen.

»Kennen Sie das Stück?«

»Blöde Frage. Fauré ist einer meiner Lieblingskomponisten.«

Als er feststellt, daß der Psychiater ein Freund klassischer Musik ist, entspannt sich Altman. Die beiden unterhalten sich eine Weile, Altman faßt allmählich etwas Vertrauen.

Von nun an bessert sich sein Zustand von Tag zu Tag.

Bald wird er in den Schlafsaal für minder schwere Fälle verlegt und darf in der anstaltseigenen Werkstatt arbeiten. Seine Dosis Beruhigungsmittel wird gesenkt. Dem Arzt ist mittlerweile klar, daß Altman nicht hierhergehört, doch es widerstrebt ihm, den Musiker zu entlassen. Er genießt die Gespräche über Beethoven mit jemandem, der das Violinkonzert auswendig kennt und es ihm sogar vorsingen kann. Als Altman merkt, daß ihre Treffen seinen Aufenthalt nur verlängern, wirft er dem Direktor vor, ihn gefangenzuhalten.

Nach acht Monaten öffnet sich ihm unerwartet das Tor nach draußen. Zum Abschied sagt der Psychiater herablassend:

»Das Wichtigste ist, daß Sie sich besser fühlen.«

»Bei all dem Zeug, mit dem Sie mich vollgepumpt haben, wäre ich mir da nicht so sicher.«

»Ich wünsche Ihnen alles Gute. Ich hoffe, Sie eines Tages spielen zu hören. Lassen Sie es mich wissen, wenn Sie hier in der Gegend auftreten.«

»Sie können mich mal.«

Altman ist ein Wrack. Seine Entzugserscheinungen sind zwar verschwunden, doch nun ist er für den Rest seines Lebens tablettensüchtig. Er hat ständig einen trockenen Mund, seine fahle Haut ist über und über mit roten Pusteln bedeckt. Mühsam schleppt er sich zu seiner Wohnung. Er ist erstaunt, dort die Geige und einige verschimmelte Essensreste vor dem Fernseher zu finden.

Die verschiedenen toxischen Inhaltsstoffe seiner Medikamente und der Alkohol, den er nach seiner Entlassung wie einen alten Freund begrüßt, hinterlassen ihre Spuren. Sein Gang wird langsam und schlurfend, und auf sein Gedächtnis ist kein Verlaß mehr. Er vergißt die Bratpfanne auf dem Gasherd, bis der Griff schmilzt, das Badezimmer steht ständig unter Wasser, weil der Abfluß verstopft ist. Zu allem Unglück verliert er zwei Mal hintereinander sein Portemonnaie.

Ein paar Wochen nach seiner Entlassung fährt er zur Grand Central Station, um den Zug nach Philadelphia zu nehmen, wo sein Onkel lebt. Die Stradivari nimmt er mit. Er muß unbedingt wieder spielen, um Geld zu verdienen und aus dem schwarzen Loch herauszukommen.

Der Zug rollt aus dem Bahnhof. Nach zehn Minuten stellt Altman fest, daß er in die falsche Richtung fährt.

Die alltäglichsten Dinge türmen sich wie unüberwindliche Hindernisse vor ihm auf. Brahms Violinkonzert erscheint ihm ein Kinderspiel, aber um sich bei dem Mann, der den Servierwagen durch den Gang schiebt, ein belegtes Brot zu kaufen, braucht man einen Princeton-Abschluß. Sein Leben versinkt im Chaos.

Als der Zug in den Bahnhof von Baltimore einfährt, schläft er tief und fest.

Sehr viel später wacht er vom Gelächter der Putzfrauen auf, die die Aschenbecher leeren. Der Waggon ist leer, der Zug steht still. Er rappelt sich hoch und tritt auf den Bahnsteig.

»Washington?«

Er weiß nicht, wohin mit seinen Händen, und steckt sie in die Manteltaschen. Ruckartig zieht er sie wieder heraus und sieht sich hektisch nach seinem Geigenkoffer um.

»Mist! Die Geige!«

Schlagartig ist er hellwach, sein Herz schlägt wie wild. Er preßt sich die rechte Hand auf die Brust und rennt durch die Waggons, ohne sich daran zu erinnern, in welchem er geschlafen hat. Nach bangen Minuten findet er die Gibson wieder.

Er verläßt den Bahnhof, der Durst treibt ihn in die nächste Bar. Mit hämmernden Kopfschmerzen setzt er sich in eine dunkle Ecke, um einen doppelten Whiskey zu trinken und den neugierigen Blicken der anderen Gäste zu entfliehen. Als er sich den zweiten Drink holt, fragt er den Barmann:

»Kennen Sie zufällig einen Club, in dem ich spielen könnte?«

»Was schleppen Sie denn da mit sich herum? Eine Remington?«

»Nein, nein. Das ist nur eine harmlose alte Geige.«

»Versuchen Sie es in der 14th Street, am Thomas Circle.«

Der Tipp ist goldrichtig. Der Whiskey hat Altman neue Kräfte verliehen. Er wird für den gleichen Abend auf Probe engagiert. Beim Stimmen der Geige stellt er fest, daß die E-Saite gerissen ist. Er will eine neue Stahlsaite aufziehen, doch seine Hände zittern so sehr, daß er um Hilfe bitten muß. Erst als er sich die Geige unters Kinn klemmt, findet er zu alter Größe zurück. Er ist erstaunt, überhaupt noch Musik in den Fingern zu haben, und freut sich über den unvergleichlichen Klang seiner Stradivari, die ihn nicht im Stich läßt. Die Geige ist für ihn ein Gradmesser seines Niedergangs.

Die Musik ist die beste Therapie. Mit Altman geht es wieder aufwärts. Das Publikum verleiht ihm die Kraft, die er selbst nicht aufbringt. Er haust im Lagerraum der Bar, schläft tagsüber und macht sich abends über die Schnapsvorräte her. Der Boden aus gestampfter Erde ist mit Bier durchtränkt, aber der schale Geruch stört Altman nicht.

Nach einigen Monaten bekommt er ein Engagement in einem besseren Club, in dem leichtbekleidete Frauen einen lächerlichen Tanz aufführen, dessen Namen er sich nicht merken kann. Wie damals in New York spielt er in einer großen Band mit Musikern, die Anzüge tragen.

Als er bei dem Klarinettisten der Gruppe einzieht, stellt er fest, welches Ausmaß an Rassismus seine Kollegen tagtäglich ertragen müssen. Einen Mietvertrag abzuschließen, sich in einer Fahrschule anzumelden oder ein Klavier zu leihen, ist schier unmöglich. Aus diesem Grund regeln sie alles innerhalb der schwarzen Gemeinschaft, die über eigene Gesetze, Anführer und Jazzmusiker verfügt – und über ein einziges weißes Schaf: Altman. Er ist als der weiße Geigenspieler einer schwarzen Band bekannt. Diesen Ruf wieder loszuwerden ist nicht leicht. Gern würde er mehr Geld verdienen und auch an anderen Orten auftreten, aber die einzigen reichen Gäste seines Clubs haben eine Gangstervisage oder Tätowierungen, die auf einen Knastaufenthalt schließen lassen.

Eines Abends fragt ihn eine der Tänzerinnen, ob er sie zu einer Party begleiten möchte. Das ist seine Chance. Altman bietet dem Gastgeber seine Dienste an, und dieser engagiert ihn für eine Geburtstagsfeier. Bald tingelt er von Party zu Party und von Bar zu Bar. Mit Hilfe der Musik gelingt es ihm, in der Stadt Fuß zu fassen und seine Sucht unter Kontrolle zu bekommen. Seine Leber scheint hart im Nehmen zu sein.

Altman gerät in Wut, wenn ihm jemand sagt, die Jahre auf dem Konservatorium seien Zeitverschwendung gewesen. Er hofft, irgendwann einmal Leiter einer Bigband zu werden. Eines Tages bietet ihm das *Washington Symphony Orchestra* eine Aushilfsstelle an.

Das *WSO* ist eine angestaubte Institution, dessen Hauptaufgabe darin besteht, Botschafter und Diplomaten zu unterhalten. Konzerte finden nur selten statt, doch die Gehälter sind recht komfortabel. Viele der Musiker sind zuvor bei renommierteren Orchestern abgelehnt worden.

Einen Monat nach Altmans Einstellung wird Martin Piecuch zum Orchesterleiter ernannt. Er soll für frischen Wind sorgen. Der Neue stellt ein gewagtes Programm zusammen und versucht sich sogar an zeitgenössischer Musik. Als erstes räumt er gründlich in den Reihen des Orchesters auf, versetzt einige völlig unfähige Musiker auf die hinteren Plätze und engagiert mehrere gefeierte Solisten.

Nach einer aufsehenerregenden Saison, die als die beste seit langem gefeiert wird, kürzt die von Finanzskandalen erschütterte Stadt das Budget des Orchesters um die Hälfte. Die Solisten packen die Koffer, ihre vom Sockel gestoßenen Vorgänger spinnen Intrigen, um wieder auf ihre angestammten Plätze zu gelangen. Kurz darauf wirft Piecuch das Handtuch.

Aus der letzten Reihe des Orchesters verfolgt Altman das Spektakel amüsiert. Bald ist die alte Ordnung wiederhergestellt. Die gewohnte Mittelmäßigkeit hält Einzug, die Orchestermitglieder fallen zurück in ihren Dämmerschlaf. Die Alteingesessenen haben zwar etwas von ihrer Großspurigkeit verloren, dafür aber an Erfahrung gewonnen. Noch mal passiert ihnen so etwas nicht. Sie sind fest entschlossen, allen Nachwuchstalenten, die ihnen im Nacken sitzen, Steine in den Weg zu legen.

Nach einem Jahr als Aushilfsmusiker hat Altman immer noch keine feste Stelle in Aussicht. Allmählich wird ihm klar, daß er seine Ambitionen vergessen kann. Zum Glück hat er genug damit zu tun, seine gestohlene Geige vor neugierigen Blicken zu verbergen und sich dem Alkohol hinzugeben.

Da kaum Hoffnung besteht, auf dem üblichen Weg in der Orchesterhierarchie aufzusteigen, versucht Altman sein Ziel auf Umwegen zu erreichen. Seiner Erfahrung nach lohnt es sich nicht, abzuwarten, bis man für seine Mühen belohnt wird. Im Gerangel um die Plätze vorn am Dirigentenpult rechnet er sich keine großen Chancen aus. Die von seiner Mutter geerbte Vorliebe für Abkürzungen hilft ihm, das Beste aus der Situation zu machen und gleichzeitig einen Angriff über die Flügel vorzubereiten. Er bemüht sich um Einladungen zu den Partys machtgieriger Lokalgrößen. Als routinierter Musiker spielt er außerdem regelmäßig Stücke für das Radio ein. Altmans Vorteil ist es, improvisieren zu können. Die anderen Orchestermitglieder haben Konservatorien besucht und können keine einzige Note spielen, die nicht schwarz auf weiß in ihrer Partitur steht. In all den Jahren in Jazzclubs hat Altman ein Gespür für Rhythmus entwickelt, das anderen Violinspielern fehlt. Er kann Geige spielen und gleichzeitig singen, jede Melodie nach dem ersten Hören wiedergeben und sie mit spontanen Improvisationen ausschmücken. Meist gelingen die Aufnahmen auf Anhieb. Die Toningenieure sind froh, daß er ihnen keine Schwierigkeiten macht. Er spielt, was man ihm aufgibt, nimmt sein Geld entgegen und genehmigt sich auf dem Heimweg den einen oder anderen Whiskey.

Nach einiger Zeit hat Altman die Telefonnummern von zwei oder drei hohen Tieren in seinem Adreßbuch, vor allem seit das Orchester auf der *USS Sequoia* gespielt hat, der Yacht des Präsidenten. Sein entwaffnendes Lächeln und seine übertriebenen Komplimente öffnen ihm so manche Tür. Einige Politiker sind auf ihn aufmerksam geworden und engagieren ihn für ihre Partys. Bei diesen Auftritten spielt er zuckersüße Melodien neben dem Pool, während die Gäste Cocktails schlürfen. Wenn anschließend die unvermeidliche Rede folgt, legt Altman seine Stradivari beiseite, um sich an der Bar ein oder zwei Drinks zu bestellen.

Sein Charme und sein gutes Aussehen beeindrucken vor allem die weiblichen Gäste. Er setzt seine Geige ein wie ein Schlangenbeschwörer die Flöte. Mit schöner Regelmäßigkeit geht ihm eine dieser hochnäsigen Damen ins Netz. Manchmal unterläuft ihm ein Irrtum in der Koordination seiner Eroberungen, so daß er eine Nacht im Freien schlafen muß.

Im Präsidentschaftswahlkampf 1964 bekommt er einen Anruf von Muriel Humphrey. Die Gattin des Senators, eine stabile Frau, die mit ihrem klobigen Diamantenschmuck wie ein Weihnachtsbaum aussieht, engagiert ihn für einen Empfang, wo er die Stimmung auflockern und ihren Mann von den Strapazen des Wahlkampfs ablenken soll. Während sie die Gäste mit vollmundigen Versprechen umgarnt, beschränkt sich ihr Mann darauf, zu lächeln und zu rauchen. Er hat sich noch nicht wieder von den parteiinternen Vorwahlen erholt. Nach Muriels Rede gerät die Party zu einem wahren Schmierentheaterstück. Jeder versucht mit allen Mitteln, sich in den Vordergrund zu spielen.

Altman ist entzückt, der Crème de la Crème Washingtons zu begegnen, und gibt sein Bestes. Die rote Geige auf der Schulter, plaudert er angeregt mit den Gästen und spielt ihnen auf Wunsch ihr Lieblingsstück vor. Er schlendert von Tisch zu Tisch und läßt das Grüppchen nicht aus den Augen, das sich um den künftigen Vizepräsidenten schart wie Fruchtfliegen um ein Glas Wein.

Altman kennt die Kungeleien, die bei solchen Empfängen gang und gäbe sind, und hofft, daß der Senator ein gutes Wort für ihn einlegt. Gegen Ende des Abends deutet er dies dem Gastgeber gegenüber so offen wie möglich an.

Ein paar Monate später wird er gebeten, bei einer Reihe von Konzerten als Ersatz für die erste Geige zu spielen. Seine Kollegen fallen aus allen Wolken. Ihre bissigen Kommentare quittiert Altman mit einem zynischen Grinsen. Er kehrt den Neidern den Rücken und läßt sich betont langsam am ersten Pult nieder, dessen Sitz ihm bequemer erscheint als die Stühle in den hinteren Reihen. Von hier aus sieht er die Reaktionen der Zuschauer, wenn einer der Musiker seinen Einsatz verpaßt. An manchen Abenden entdeckt er sogar die Humphreys in ihrer Loge. Seine Aufgabe beschränkt sich aber nicht nur darauf, den anderen Musikern den Ton zum Stimmen ihrer Instrumente vorzugeben. *Ihm* schüttelt der Dirigent nach jedem Stück die Hand. *Er* gibt den Musikern das Zeichen, sich beim Auftritt eines Solisten zu erheben und wieder zu setzen. Ungeduldig wartet Altman auf das Auswahlverfahren, bei dem die Besetzung des Orchesters festgelegt wird. Seine

Stimme gibt den Ausschlag. Es ist ihm eine Genugtuung, das musikalische Können seiner Kollegen zu beurteilen. Endlich hat seine Stunde geschlagen, und er kann Rache nehmen. Doris wäre stolz auf ihn.

Altman gefällt das Leben als Konzertmeister, auch wenn er davon träumt, für das *National Symphony Orchestra of Washington* zu spielen. Es geht das Gerücht, man müsse eine alte italienische Geige besitzen, um in das renommierte Orchester aufgenommen zu werden. Für einen der vorderen Plätze ist ein Instrument aus Cremona unerläßlich. Die Auslese ist streng. Musiker, die keine teure Meistergeige besitzen, haben keine Chance. Diese Diskriminierung bringt Altman auf die Palme. Er sieht darin eine institutionalisierte Erpressung, die den Diebstahl von Hubermans Gibson noch im nachhinein rechtfertigt.

Nach einer Probe fragt einer seiner Kollegen Altman:
»Was haben Sie eigentlich für eine Geige?«
»Eine echte Stradivari, mit der ich bei Karajan die erste Geige spielen könnte.«
»Kann ich mal sehen?«
»Bitte. Sie werden staunen.«
Nach einem langen Blick auf die Geige wagt sich der Musiker vor:
»Dürfte ich kurz auf ihr spielen?«
»Auf gar keinen Fall. Eher würde ich Ihnen meine Frau ausleihen.«
Altman nimmt ihm das Instrument aus den Händen und legt es zurück in den Koffer. Seine Orchesterkollegen, die sich bereits das Maul über ihn zerreißen, halten seine Worte für eine weitere Aufschneiderei. Altman freut sich diebisch, ihrem Gerede neuen Stoff zu geben.

Die Ernennung eines neuen Konzertmeisters ist immer ein Ereignis, doch Altmans Blitzkarriere kommt einer Revolution gleich. Er ist direkt vom Orchesterleiter eingesetzt worden, ohne das übliche Auswahlverfahren durchlaufen zu haben. Auch die Orchestersprecher sind nicht konsultiert worden. Seit diesem Tag wehrt sich das gesamte Ensemble geschlossen gegen solche Auswüchse, die sie allzusehr an Piecuchs Methoden erinnern.

Der Violinist, der mit ihm das erste Pult teilt, rückt absichtlich so weit wie möglich von ihm ab. Als er zum ersten Mal die Partitur für Altman umblättern muß, schlägt er die Seiten betont heftig um. Für die anderen Musiker ist dies das Zeichen, daß das Feuer eröffnet ist. Der Dirigent beobachtet belustigt die stumme Revolte und zählt die Punkte. Altman ist von seinem Erfolg berauscht. Seine derzeitige Geliebte, eine Flötistin, hält ihn über die Anfeindungen auf dem laufenden, doch er ist überzeugt, genug Rückhalt im Orchester zu haben. Er schwebt über derlei banalen Problemen.

Durch seinen rasanten Aufstieg aus zwielichtigen Bars in die bessere Gesellschaft hat Altman kaum Zeit gehabt, sich die nötigen Umgangsformen anzueignen. Außerdem übt er nur noch selten. Sein Können reicht nicht aus, um sich an der Spitze eines Symphonieorchesters zu behaupten. Nach einem mißglückten Solo zieht er den Unmut des Dirigenten auf sich. Dieser wirft ihm vor, keine Autorität über das Orchester zu haben, und bemängelt sein unsauberes Spiel. Die Situation eskaliert, als Altman, der sich für unantastbar hält, ihm bei einer morgendlichen Probe die Stirn bietet. Der Dirigent ist verärgert, weil Altman mit halbgeschlossenen Augen spielt.

»Ich will, daß Sie mich ansehen, wenn ich dirigiere!«

»Wenn Sie das Orchester mit geschlossenen Augen dirigieren können, kann ich auf meinem bescheidenen Platz ja wohl auch mal kurz die Augen schließen.«

Seine Worte bringen das Faß zum Überlaufen. Der Direktor ruft ihn in sein Büro und überreicht ihm die Entlassungspapiere. Selbst seine Gönner können nichts mehr für ihn tun.

Bei den Präsidentschaftswahlen 1968 scheitert Humphrey, der Kandidat der Demokraten. Altman wechselt ins gegnerische Lager. Er spielt nun für die Nixons und kann seiner Sammlung ein weiteres signiertes Foto hinzufügen.

In dem Restaurant, in dem Altman einen Schnulzensänger mit spärlichem Haar auf der Geige begleitet, sitzt an einem der Tische eine kleine Frau, deren Kunstlederstiefeletten so gar nicht zu ihrem strengen Kleid passen wollen. Marcelle Hall steckt mitten in einer Scheidung. Sie ißt mit einer Freundin einen Hamburger und bedenkt ihren Noch-Ehemann mit allen erdenklichen Schimpfwörtern. Um sie aufzuheitern, steht die Freundin auf, wechselt ein paar Worte mit dem Barmann und kehrt an den Tisch zurück.

»Was sollte das denn?«

»Warte es ab.«

Als Altman die Anfangstakte des Lara-Themas spielt, wird das Licht im Restaurant gedämpft. Marcelle Hall erkennt die Melodie beim ersten Bogenstrich.

»Warum hast du das getan?«

»Das bringt dich auf andere Gedanken.«

Altman ist müde. Er spielt die Filmmusik aus *Doktor Schiwago* langsam und flüstert kaum hörbar den Text mit.

Der einmalige Klang der Stradivari verleiht Altman eine besondere Ausstrahlung. Marcelle ist schon etwas beschwipst und spürt zum ersten Mal seit Jahren so etwas wie eine innere Ruhe. Sie himmelt den Geiger an und lauscht verzückt seiner Musik. Altman lächelt ihr zu. Er ist sich seiner Wirkung auf die Frau bewußt, die mit halboffenem Mund dasitzt.

Von nun an kommt Marcelle jeden Abend, zunächst in Begleitung, dann allein. Eines Nachts lädt Altman sie auf ein letztes Glas in eine Cocktailbar ein.

Anfangs führen die beiden eine recht lose Beziehung. Marcelle, die Tochter eines hochrangigen Offiziers, glaubt, in Altman den Künstler gefunden zu haben, von dem sie immer geträumt hat. Ihr Sohn ist bald erwachsen, und sie fühlt sich nicht länger an die Konventionen gebunden, die ihr von ihren Eltern eingebleut worden sind. Sie will sich Hals über Kopf in das Bohemeleben stürzen, das sie ihrem neuen Liebhaber andichtet. Altman wiederum fühlt sich von der Entschlossenheit in Marcelles dunklen Augen angezogen. Ihre Sehnsucht nach Glück rührt ihn. Allerdings gehört Gemeinsamkeit nicht zu seinen Stärken, er kann sich daher nicht vorstellen, mit Marcelle zusammenzuleben. Er will sein Junggesellenleben nicht aufgeben und schenkt seiner neuen Eroberung keine große Beachtung. Alkohol und Zigaretten sind ihm wichtiger als jede Frau.

Eines Morgens klingelt Marcelle an seiner Tür. Der Besuch bringt Altman aus der Fassung. Sonst lädt er sich immer zu seinen Liebhaberinnen ein. Seine Wohnung ist vollgestopft mit leeren Flaschen, Notenblättern und vergilbten Zeitungen.

»Was bist du für ein Sternzeichen?«

»Einsiedlerkrebs.«

»Das ist doch kein Sternzeichen.«

»Doch.«

Marcelle spürt, wie sie an Boden verliert. Doch sie hat noch nie einen Hehl aus ihren Gefühlen gemacht. Nachdem sie sich einen Drink eingeschenkt hat, sagt sie seufzend:

»Ich liebe dich.«

»Ich dich auch.«

»Du verstehst mich nicht richtig. Du bist die Liebe meines Lebens.«

»Wie bitte?«

»*Doktor Schiwago* ist mein Lieblingsfilm. Ich kann nicht mehr schlafen. Ich will mein Leben mit dir verbringen.«

»Aber sieh dich hier doch mal um.«

»Das kriegen wir schon hin«, sagt sie mit einem Blick auf die Unordnung auf dem Boden.

Alles in Altman sträubt sich. Diese Frau taucht einfach so bei ihm auf und drängt sich in sein Leben.

Er streckt die Arme nach ihr aus und zieht sie an sich, um dem heiklen Gespräch zu entgehen.

Marcelles Küsse schmecken nach Peter Stuyvesant. Altmans Atem riecht wie jeden Morgen nach abgestandenem Alkohol. Die Umarmung dauert lange, Altman hat Zeit zum Nachdenken. Dreißig Jahre Nachtleben haben ihre Spuren hinterlassen, und Marcelles Nähe löst ein ungeahntes Gefühl der Befriedigung in ihm aus. Nachdem sie inmitten der zerknitterten Notenblätter miteinander geschlafen haben, beschließt er, es auf einen Versuch ankommen zu lassen.

Marcelle nutzt die Gunst der Stunde und zieht bei ihm ein. Sie behält ihre Wohnung, will aber ein Auge auf ihren Geliebten haben, dessen unwiderstehlichen Charme sie kennt.

Altman scheint alles gleichgültig zu sein. Diese Haltung treibt seine Freundin zur Verzweiflung, aber trotz einiger Probleme fällt das Paar bald in eine Alltagsroutine, die von den abendlichen Auftritten des Musikers bestimmt wird. Einige vage Reisepläne sind ihre einzigen Vorhaben für die Zukunft. So stolpern sie gemeinsam durchs Leben. Marcelle hat die Hosen an, während Altman den charakterschwachen Künstler gibt.

Schon nach einem Jahr halten sie nur noch ihre Ängste zusammen. Sie haben keine Freunde, sprechen nicht mit den Nachbarn und ernähren sich von den Sandwiches, die sie im Laden an der Ecke kaufen. Indem sie anderen Menschen aus dem Weg gehen, ersparen sie sich, so glauben sie, eine Menge Ärger.

»Wo gehst du hin?«
»Raus.«

»Hör auf, mich für blöd zu verkaufen! Sag mir, wo du hingehst.«

»Ich besuche meine Tochter.«

»Das wird ja immer schöner. Jetzt hast du also plötzlich eine Tochter.«

»Was geht dich das an. Du hast ja schließlich auch einen Sohn!«

»Aber ich habe dir nie etwas verschwiegen. Ich habe ein Recht, so etwas zu erfahren.«

»Wir sind eben verschieden.«

»Du willst mir doch nicht etwa sagen, daß du ein Doppelleben führst?«

»Ich habe eine Tochter. Das ist alles.«

Altman zieht sich ein Hemd über und geht zur Tür.

»Sie hat heute Geburtstag. Sie wird sieben.«

»Warte. Ich muß dir was sagen.«

»Was denn?«

»Ich will nach Connecticut.«

»Gefällt es dir hier nicht mehr?«

»Ich habe die Nase voll von dieser Stadt. Ich brauche Ferien auf dem Land.«

»Du willst bei deinem Sohn sein.«

»Ich bin dir überallhin gefolgt. Jetzt bitte ich dich ein einziges Mal, mit mir zu kommen.«

Das Haus in Bethel, ein Überbleibsel aus Marcelles Ehe, sieht aus, als stamme es aus einem Alfred-Hitchcock-Film. Es liegt mitten in einem Wald, in dem es nichts gibt als Nadelbäume und Eichhörnchen. Ein kleiner, unbefestigter Weg führt zu dem Grundstück.

Einige Tage nach ihrer Ankunft wird im Radio ein großes Konzert von Joan Baez angekündigt, das ganz in der Nähe stattfinden soll. Je näher das Datum rückt, desto länger wird die Liste der auftretenden Künstler. Irgendwann stellen die Einwohner von Bethel mit Entsetzen fest, daß alle Hippies des Landes in ihr ruhiges Städtchen einfallen werden. Altman verfolgt belustigt, wie junge Leute in bunter Kleidung das Ereignis vorbereiten.

Marcelle, die der Musikszene Washingtons entfliehen und auf dem Land Ruhe finden wollte, ist ständig schlecht gelaunt.

The Woodstock Music and Art Fair beginnt mit dem größten Stau, den die Vereinigten Staaten je gesehen haben. Als nichts mehr geht, lassen die Leute ihre Autos einfach stehen und laufen mehrere Meilen zu Fuß. Im ganzen Umkreis kommt der Verkehr zum Erliegen. Das Equipment der Musiker steckt auf der Autobahn fest; die Autos stauen sich bis zurück nach New York.

Nachdem die Zuschauer mehrere Stunden in der prallen Sonne gewartet haben, weil keine der angekündigten Bands eingetroffen ist, wird Richie Havens auf die Bühne geschoben. Er soll die Menschenmassen allein mit seiner Gitarre bändigen, bis die anderen Musiker per Hubschrauber eingeflogen werden.

Die Organisatoren haben mit fünfzigtausend Zuschauern gerechnet. Sie werden von einer halben Million Menschen überrollt. Ein Sturzregen vergrößert das allgemeine Chaos. Am zweiten Tag ähneln die beschaulichen Wiesen von White Lake einer riesigen Schlammgrube.

Musiker wie Janis Joplin und Joe Cocker geben sich alle Mühe, das Publikum die Absage der Doors vergessen zu lassen. Jim Morrison leidet unter Verfolgungswahn und glaubt steif und fest, daß ihn die Fans von der Bühne zerren und in Stücke reißen werden, wenn er vor einer solchen Menschenmenge auftritt.

Am Morgen des dritten Tages tritt Jimi Hendrix auf und spielt die amerikanische Nationalhymne. Durch die Wand aus Verstärkern im seinem Rücken hört es sich an, als heule der Motor eines Rennwagens auf, sobald er die Saiten anschlägt. Statt Akkorde zu spielen, muß er die Töne dämpfen, die aus seiner Stratocaster herausbrechen. Seine schrille Version von The Star-Spangled Banner dröhnt über die Wiesen und Wälder von Bethel.

Altman verbarrikadiert sich im Haus und würde gerne schlafen. Er regt sich über den Krach auf, während seine Lebensgefährtin sich vor allem über die Verunglimpfung der Nation empört. Sie beobachten hilflos, wie Horden von jungen Leuten das Grundstück überqueren, manche sogar mit nacktem Oberkörper.

»Das ist ja wie eine Heuschreckenplage.«

»Heuschrecken ziehen weiter, sobald sie alles abge-grast haben.«

»Das kann ja nicht mehr lange dauern. Bei so vielen Menschen.«

»Ich bin mir sicher, daß sich hinter den pazifistischen Slogans kriminelle Absichten verbergen.«

»Hast du schon mal Marihuana geraucht?«

»Spinnst du?«

»War doch nur eine Frage.«

»Ich bleibe lieber beim Gin Tonic.«

»Jedem seine Droge.«

»Aus deinem Mund ist das wohl ein Kompliment.«

Als Marcelle sicher ist, daß sich das Desaster vom Sommer 1969 nicht so schnell wiederholen wird, überredet sie Altman dazu, endgültig nach Bethel zu ziehen. Sie freut sich, ihren Sohn in der Nähe zu wissen und ihren Lebensabend im Kreise der Familie verbringen zu können. An ihrem neuen Zuhause gibt es immer etwas zu tun, mit Leidenschaft kümmert sie sich um das Haus. Nach der Geburt ihrer Enkelin Rita hat sie alle Zimmer neu eingerichtet. Sie mißt dem geringsten Detail die größte Bedeutung bei und treibt ihren Lebensgefährten damit in den Wahnsinn.

Auch wenn Marcelles Ordnungswahn ihn stört, ist er angesichts ihrer Gleichgültigkeit ihm gegenüber das kleinere Übel. Marcelle, Paul und Rita sind unzertrennlich, Altman fühlt sich ausgeschlossen. Seit die Eltern des Kindes sich getrennt haben, spielt Marcelle die Ersatzmutter.

Außerdem leidet Altman unter der Einsamkeit des Landlebens. Er vermißt die Bars und die Partys. Da er immer weniger Auftritte bekommt, muß er seinen Wirkungskreis erweitern und ist viel unterwegs. Mit der Zeit beginnt er, Bethel und seine Einwohner zu hassen.

Eines Nachts sitzt Altman volltrunken in einem Jazzclub und beginnt aus Langeweile, die Stradivari zu malträtieren, um die Leere in seinem Kopf zu füllen. Er ist in einem Sessel zusammengesackt, läßt die Asche seiner

Zigarette in eines der Schallöcher rieseln und beobachtet, wie sie ins Innere fällt und den Geigenzettel schwärzt. Teilnahmslos zieht er am Filter und starrt finster auf die glühende Asche. Die Gibson ist nichts weiter als ein gewöhnlicher Aschenbecher, der statt einem Werbeaufdruck einen Geigenzettel in Latein trägt.

Als der Clubbesitzer ihn aus der Erstarrung reißt und auf die Bühne schickt, drückt Altman den Zigarettenstummel wütend auf dem Instrument aus.

Die Mißhandlungen der »*troppo rosso*« wiederholen sich jedes Mal, wenn Altman Langeweile verspürt. Er hat das Gefühl, Nadeln in einen Voodoo-Fetisch zu stecken. Ihm gefällt der Gedanke, daß von seinem Tun eine reinigende Kraft ausgeht. Die Stradivari, für die er keinen Cent bezahlt hat, erträgt die Mißhandlungen klaglos.

Eines Tages, als er noch betrunkener ist als sonst, gleitet ihm das Instrument aus den Händen und fällt zu Boden.

Am nächsten Morgen entdeckt er einen Riß in der Decke. Hektisch blättert er im Branchentelefonbuch.

Ed Wick stammt aus einer Familie von Metallhändlern und hat sich das Geigenbauhandwerk selbst beigebracht. In seinem Laden hängen Banjos und glänzende Geigen aus China von der Decke. Wick freut sich, einen Musiker aus der Umgebung kennenzulernen, und Altman faßt sogleich Vertrauen zu dem Mann. Nach ein paar Besuchen freunden sich die beiden an. Wick wirbt Altman für das Orchester von Danbury an, in dem er selbst Cello spielt.

Wenn Altman von den Konzerten nach Hause zurückkehrt, erwarten ihn Marcelle und manchmal auch Rita. Er kümmert sich rührend um das Mädchen, albert mit ihr herum, erzählt ihr Geschichten und spielt ihr Kinderlieder auf seiner Stradivari vor. Sie liebt seine Zauberkunststücke und lacht sich krumm und schief, wenn er wie früher als Taschendieb Marcelles Ohrringe verschwinden läßt und sie wieder hervorzuzaubern.

Die Familie Altman-Hall ist zur Ruhe gekommen. Mehrere Jahre vergehen.

Eines Abends im Jahr 1984 erfährt Marcelle am Telefon, daß ihr Lebensgefährte Rita bei jedem ihrer Besuche mißbraucht hat. Bei einer Sexszene im Fernsehen hat das Kind das Geschehen auf dem Bildschirm mit Altmans Verhalten verglichen.

Die entsetzten Eltern konnten ihrer Tochter weitere Einzelheiten entlocken, die sie davon überzeugen, daß sie sich die Geschichte nicht ausgedacht haben kann.

Nachdem ihr Sohn völlig aufgelöst die Schreckensnachricht überbracht hat, steht Marcelle lange Zeit reglos da, den Hörer in der Hand.

Die Geruhsamkeit der vergangenen Jahre findet ein jähes Ende. Altman spielt zunächst den beleidigten Großvater, der unberechtigt beschuldigt wird. Als die Beweise gegen ihn erdrückend werden, behauptet er, von dem Mädchen zu erotischen Spielen verführt worden zu sein. Schließlich flüchtet er sich in die absurde Ausrede, die Sechsjährige sei in ihn verliebt und habe beim Gutenachtlied nach eindeutigen Zärtlichkeiten verlangt.

Seine Rechtfertigungsversuche geben der Polizei die Gewißheit, daß sie es mit einem Pädophilen zu tun haben. Rita darf ihre Großmutter nicht mehr besuchen, Altman kommt in Untersuchungshaft. Als er seine Sachen gepackt hat, stattet er Ed Wick einen letzten Besuch ab und bittet ihn, seine Geige und die Erinnerungen an seine Jugend aufzubewahren: Armbanduhren, Schmuckstücke und teure Feuerzeuge in einem Schuhkarton.

Aus seiner Gefängniszelle schreibt Altman jede Woche einen Brief an Marcelle und versucht, von ihrer Beziehung zu retten, was noch zu retten ist. Er hofft auf Hilfe von außen, ohne die das Leben im Gefängnis unerträglich ist.

Doch Marcelle ist fest entschlossen, ihn ihm Knast versauern zu lassen. Als sie das Ausmaß seiner Lügen entdeckt, stacheln seine Briefe ihren Haß nur noch weiter an. Auch wenn sie vor vielen seiner Fehler die Augen verschlossen hat, hätte sie es nie für möglich gehalten, daß ihre Enkelin ihm zum Opfer fallen könnte. Sie stellt das Haus auf den Kopf, aber die Geige ist verschwunden – nur ein weiterer Beweis für seine Unaufrichtigkeit.

Der Freiheitsentzug hat verheerende Auswirkungen auf Altman. Er hat Angst, wie bei seinem Aufenthalt in der Psychiatrie in eine zerstörerische Abwärtsspirale zu geraten. Außerdem hatte er sich an die Annehmlichkeiten des Ehelebens gewöhnt. Er fühlt sich der Justiz und seinen Mithäftlingen schutzlos ausgeliefert und begreift nicht, wie eine Haftstrafe die Situation verbessern soll. Schließlich hilft es Rita auch nicht, wenn er im Knast sitzt.

Das Gefängnis von Litchfield ist von einer roten Backsteinmauer umgeben, auf der sich elektrischer Stacheldraht windet.

Die Insassen sind größtenteils schwarz und stammen aus der Umgebung. Altman fühlt sich wie eine Libelle, die sich unter die Abdeckung eines Schwimmbeckens verirrt hat. Gewalt bestimmt den Alltag im Gefängnis. Seine Talente als Taschendieb könnten ihm helfen, die karge Gefängniskost aufzubessern, doch die Gefahr, erwischt zu werden, ist zu groß. Er hält sich abseits und versucht, die Regeln zu verstehen, die in diesem Mikrokosmos herrschen. Kurz nach seiner Ankunft nehmen ihn mehrere Häftlinge in die Mangel, weil sie wissen wollen, was der kalkweiße Geigenspieler getan hat, um hinter Gittern zu landen.

Um sie sich vom Leib zu halten, gibt Altman sich als kleiner Ganove aus. Er erweist sich als hervorragender Geschichtenerzähler. Als er seine angeblichen Gemäldediebstähle schildert, glauben ihm die anderen aufs Wort. Und weil er mit seinen grauen Schläfen etwas Großväterliches an sich hat, bleiben ihm auch die Vergewaltigungen erspart.

Im Gefängnis schlagen sich die Starken auf Kosten der Schwachen durch. Beim kleinsten Anlaß rotten sich die Häftlinge zu einem Lynchmob zusammen. Wenn man überleben will, darf man nicht zur Beute werden. Altman gehorcht seinem Instinkt und verschmilzt mit der Gruppe, um dem Schlimmsten zu entgehen.

Es stirbt sich gut in Litchfield. Die Verwaltung kümmert sich äußerst professionell um diesen Bereich. Die Todeskandidaten sitzen in einem eigenen, nagelneuen Trakt ein, in dem sie vor sich hin vegetieren und auf ihre Hinrichtung warten.

Die Fälle, bei denen die Justiz ihrer Meinung nach versagt hat, nehmen sich die Häftlinge selbst vor. Sexualstraftätern wird im Knast ein zweites Mal der Prozeß gemacht. Obwohl Altman nicht viel über die Hackordnung weiß, tut er alles, um den Grund für seinen Aufenthalt in Litchfield geheimzuhalten.

Doch die Gewalt beschränkt sich nicht auf Abrechnungen mit Verbrechern seines Schlags. Unfälle, nächtliche Randale und Angriffe in der Dusche sind an der Tagesordnung. Kleinere Streitigkeiten führen oft zum Ausbruch brutaler Schlägereien, die Selbstmordrate unter den Häftlingen ist hoch. Obwohl die Gesellschaft vorgibt, die Insassen resozialisieren zu wollen, treibt sie sie systematisch in den Tod. Die Suizide bereiten Altman schlaflose Nächte. Er kann nicht sagen, warum. Vielleicht ähnelt er den verzweifelten Gestalten ein wenig zu sehr.

Die Häftlinge schlagen die Zeit mit Kartenspielen, Fernsehen und Sport tot. Altman bringt seine Mithäftlinge zum Lachen, die Wärter schreiben ihm einen guten Einfluß zu. Manchmal wird er in eine andere Zelle verlegt, um einen Streit zwischen zwei Insassen zu schlichten. Nach einigen Monaten hat er sich an die Angst und die Einsamkeit gewöhnt, die im Gefängnis herrschen.

Sein Körper weigert sich allerdings, das Leben in Unfreiheit hinzunehmen. Schon nach den ersten Tagen spürt Altman ein dumpfes Ziehen in der Magengegend. Er verliert die Lust am Essen und wird von Krämpfen geplagt.

Nach einigen Monaten treten ernsthafte Beschwerden auf. Sein Stuhl färbt sich dunkelrot, die Unterleibsschmerzen werden immer heftiger. Der Arzt diagnostiziert ein Magengeschwür, das zweifellos vom Kettenrauchen kommt. Altman weiß, daß seine Bronchien und seine Luftröhre genauso schwarz sind wie der Asphalt des Gefängnishofes und daß man im Handumdrehen im Sarg landet, wenn man im Gefängnis krank wird. Also bemüht er sich um weitere Untersuchungen. Die Ergebnisse weisen auf Magenkrebs im fortgeschrittenen Stadium hin.

Eines Nachts erkennt er in einem hellsichtigen Moment einen Zusammenhang zwischen Rita und der Stradivari. Der Gedanke beunruhigt ihn zutiefst. Allmählich dämmert ihm, daß er für ein und dasselbe Verbrechen büßt. Er hat die eine gestohlen und sich an der anderen vergangen, ohne jemals das geringste Schuldbewußtsein zu empfinden, so als existierten Dinge und Menschen um ihn herum nur, um ihm das Leben zu erleichtern und seinen Hunger zu stillen. Nach der Demütigung durch Professor Schultz hat er sich auf das Spiel eingelassen und anderen angetan, was ihm angetan wurde. Seine Intelligenz hat ihn bisher davor bewahrt, in ernsthafte Schwierigkeiten zu geraten, bis zu jenem schicksalhaften Tag, an dem die freizügigen Bilder im Fernsehen liefen, die ihn in den Knast gebracht haben.

Sein Körper produziert genug Endorphine, um ihn bis zum Morgen wachzuhalten und den Schock der Einsicht zu mildern.

Daß er die Zigarettenstummel auf der Geige ausgedrückt hat, war Teil seiner Krankheit. Sowohl das Mädchen als auch die Geige sind seiner Perversion zum Opfer gefallen. Der sexuelle Mißbrauch und der Diebstahl der Stradivari gehören zur selben Neurose, die für sein gescheitertes Leben verantwortlich ist.

Ihm wird klar, daß die komplizierte Beziehung zu seiner Mutter untrennbar mit dem Ganzen verbunden ist, daß er sich von ihr hat manipulieren lassen und ihretwegen ein Stück Holz zu seinem Lebensinhalt gemacht hat. Erst jetzt kämpft er verbissen darum, sich von ihrem krankhaften Ehrgeiz zu befreien. Doch ihm will einfach nicht einfallen, wie er die Geige loswerden kann. Marcelle und der Krebs haben sich gegen ihn verbündet und wollen seinen Tod. Die Geige kommt ihm mehr und mehr wie ein Folterinstrument vor, ein Feuer, an dem er sich die Finger verbrannt hat.

Wenn er auch nicht ungeschehen machen kann, was er Rita angetan hat, so will er doch den Teufelskreis durchbrechen. Die gestohlene Stradivari soll nicht auch noch diejenigen vergiften, die nach ihm kommen. Er weiß, daß er nicht mehr lange zu leben hat, und denkt fieberhaft über einen Ausweg nach.

Nur Marcelle kann ihm jetzt noch helfen.

Nach einer weiteren Nacht, in der er schlecht geschlafen und viel geträumt hat, beschließt er, seinen Plan in die Tat umzusetzen. Er hofft, sich dadurch auch von den Schmerzen freizukaufen, die seine Eingeweide zerfressen.

»Geld. Das ist es!«

Altman erklärt einem Wärter, wie er die Dinge Marcelle gegenüber darstellen soll, damit sie sich bereit erklärt, ihn besuchen zu kommen. Er steckt ihm einen Zwanzigdollarschein zu und sieht ihm fest in die Augen.

»Ich muß ihr unbedingt erzählen, was mich belastet. Sehen Sie zu, daß sie herkommt.«

Trotz des Leids, das er ihrer Enkelin zugefügt hat, rührt seine Bitte Marcelle. Der Krieg scheint ihr lange zurückzuliegen, die Waffen sind rostig geworden.

In Torrington, dem Haftkrankenhaus von Litchfield County, haben die Insassen es nicht leicht. Der einzige Arzt, der für sie verantwortlich ist, begegnet ihnen mit Gleichgültigkeit. Altmans Tumor ist bereits zu groß, um noch entfernt werden zu können.

Als Marcelle an sein Bett tritt, glaubt sie im ersten Moment, sich geirrt zu haben. Mit seinem eingefallenen Gesicht wirkt er wie ein Fremder. Es kommt ihr vor, als wären nicht Monate, sondern Jahre vergangen. Sein Blick ist trüb, er hat tiefe Ringe unter den Augen, und seine Haut ist wachsbleich. Er sieht aus wie der Tod.

Altman freut sich, endlich Besuch zu bekommen. Er verzieht das Gesicht zu einem Lächeln und versucht mühsam, sich aufzurichten. Marcelle will ihm helfen und entdeckt eine unregelmäßige Schwellung von der Größe einer Orange an seinem Bauch. Als sie seinen Tumor anstarrt, feixt er, zündet sich eine Zigarette an und beginnt zu lamentieren. Doch Marcelle hat seinen Egoismus und sein Gejammer lange genug ertragen.

Sie will sich schon wieder abwenden, als ihr der Grund ihres Kommens einfällt.

»Was wolltest du von mir?«

»Ich wollte dich sehen.«

»Da bin ich. Und jetzt?«

Er sinkt mit schmerzverzerrtem Gesicht in die Kissen.

»Komm her.«

Sie beugt sich zu ihm hinunter und nähert ihr Ohr seinen Lippen. Langsam hebt er die Hand und packt ihren Arm. Sein Griff ist fest, die abgemagerten Finger krallen sich in ihre Haut. Überrascht von seiner Kraft, reißt Marcelle sich los.

»Was willst du? Mitleid?«

»Meine Geige.«

»Wo hast du sie versteckt?«

»Du mußt dich um die Geige kümmern.«

»Was redest du da? Was soll der Unsinn?«

»Sie ist einen Haufen Geld wert. Du mußt gut auf sie aufpassen.«

»Bist du jetzt völlig durchgedreht? Laß mich in Ruhe.«

»Halt den Mund und hör zu!«

Er winkt sie noch näher zu sich heran und erzählt ihr flüsternd die Geschichte der Stradivari.

Die Insassen des Krankenhauses sind abgebrühte Gangster, die lange Haftstrafen verbüßen. Den meisten geht es tatsächlich schlecht, aber ein paar ganz Schlaue haben es geschafft, ihrer Zelle zu entfliehen und sich ein ordentliches Bett zu verschaffen. Sie sind im Grunde kerngesund und können jederzeit gefährlich werden.

Mitten im Schlafsaal gesteht Altman Marcelle im Flüsterton, daß die Geige, auf der er seit neunundvierzig Jahren spielt, jene Stradivari ist, die Huberman 1936 gestohlen wurde. Er schärft ihr ein, sie dürfe sich auf keinen Fall schnappen lassen.

Verwirrt verläßt Marcelle das Gefängniskrankenhaus und fährt direkt zu Ed Wick. Wie Altman es ihr aufgetragen hat, holt sie das Instrument ab und steigt in den Zug nach Hause. Im Abteil hält sie es nicht mehr aus und klappt das Etui auf. Ihr Blick fällt auf eine schmutzige Geige, halb bedeckt von Papierfetzen und leeren Zigarettenschachteln. Zu Hause angekommen, nimmt sie das Instrument aus seinem Etui und sieht es sich von allen Seiten an. Im Inneren des Korpus rutscht ein Häuflein Asche von einer Seite zur anderen. In den Seitentaschen des Geigenkastens findet Marcelle eine Stimmgabel, ein paar Ersatzsaiten, ein zerbröseltes Stück Kolophonium und einen gebrauchten Steg. Die Hülle des Lederkoffers ist aus Leinen, das einst beige gewesen sein muß, jetzt aber an ein altes, ausgefranstes Pflaster auf einer schorfigen Wunde erinnert. Sie läßt sich nur schwer abziehen. Zu Marcelles Erstaunen kommen zwischen der Hülle und dem Leder Zeitungsausschnitte aus den 1930er Jahren zum Vorschein. Die *New York Times*, die *New York Evening Post* und die *New York Herald Tribune* berichten vom Diebstahl der Stradivari aus der Carnegie Hall. Das *Strad Magazine*, eine englische Fachzeitschrift, widmet der Gibson einen ganzen Artikel. Manche Sätze sind rot unterstrichen.

Um ganz sicher zu gehen, holt Marcelle den Staubsauger und hält das Saugrohr an das linke Loch. Die Geige beginnt zu vibrieren und verstärkt das Sauggeräusch, während unter der Asche ein schlichter Zettel zum Vorschein kommt. Kaum noch lesbar steht darauf: *Antonius Stradivarius Faciebat Cremonae 1713.*

Ihr Herz klopft zum Zerspringen. Sie muß ihre Aufregung unbedingt mit jemandem teilen und hebt den Hörer ab, um eine Freundin anzurufen. Doch dann meint sie Altmans Stimme vom Krankenbett aus zu hören:

»Du begehst einen schweren Fehler!«

Im Krankenhaus hat er ihr das Sprichwort der Taschendiebe verraten, an das er sich sein Leben lang gehalten hat:

»Wenn du ein großes Ding drehst, erzähle niemandem davon.«

Marcelle beantragt eine zweite Besuchserlaubnis und kehrt an sein Krankenbett zurück. Sie möchte wissen, wie es nun weitergeht, und befürchtet, einen Teil der Schuld an dem Diebstahl auf sich zu laden. Altman beruhigt sie mit krächzender Stimme.

»Die Geige gehört der Versicherung.«

»Wie das?«

»Huberman hat sich auszahlen lassen. Du mußt Kontakt zur Versicherung aufnehmen. Wenn du es schlau anstellst, bekommst du vielleicht sogar eine Belohnung.«

»Eine Belohnung? Du spinnst!«

»Die Versicherung hat 1937 dreißigtausend Dollar für die Geige gezahlt. Jetzt ist sie mehrere hunderttausend wert. Glaubst du nicht, sie sind froh, wenn die Gibson wieder auftaucht?«

Marcelle weiß nicht mehr, wo ihr der Kopf steht. Einerseits ist der Mann, in den sie früher einmal verliebt war, ans Bett gefesselt und sieht aus wie ein lebender Toter, andererseits versucht er, sie in eine zwielichtige Geschichte hineinzuziehen, die ihr nicht ungefährlich erscheint.

Altman hat alle Zeit der Welt, sein Vorgehen zu durchdenken. Nach ein paar Wochen teilt ihm sein Anwalt mit, daß er krankheitshalber entlassen wird. Er darf zu Hause auf den Prozeßbeginn warten.

Als der Krankenwagen die Einfahrt hochkommt, läuft es Marcelle eiskalt den Rücken hinunter. Er sieht aus wie ein weißer Leichenwagen.

Zwei Pfleger betten Altman im Wohnzimmer auf die Couch. Als sie gegangen sind, widerstrebt es Marcelle, sich ihm zu nähern. Die Abscheu vor seiner Krankheit und vor seiner Tat halten sie zurück. Sie starren sich eine ganze Weile an.

»Ich bin froh, wieder zu Hause zu sein.«

»Soll ich dir einen Kaffee kochen?«

»Ich bin schon bis obenhin mit Aufputschmitteln vollgepumpt. Wir müssen reden.«

»Nur zu.«

Altman sucht etwas, um sich die Zigarette anzuzünden, auf der er seit einigen Minuten herumkaut.

»Hier.« Marcelle reicht ihm ein Feuerzeug.

Er betätigt das Rädchen und atmet mit einem verzerrten Grinsen den Rauch ein.

»Wir heiraten.«

»…«

»Ich heirate dich, hörst du?«

»Heiraten?«

»Dann bist du meine Erbin. Das willst du doch, oder?«

»Schon, aber …«

»Dann hör doch auf mit dem Theater.«

Das Flugzeug nach Las Vegas landet mit Verspätung, weil Altman ewig gebraucht hat, um an Bord zu gehen. Seit einigen Tagen steht er unter starken Medikamenten. Seine Schmerzen im Unterleib sind mittlerweile unerträglich.

In der Hauptstadt des Glücksspiels ist alles auf maximalen Profit ausgerichtet, die Hochzeitsindustrie floriert. Im Angebot des Reisebüros von Bethel sind Flugticket, Hotelzimmer und ein Mietsmoking enthalten. Auf die Hochzeitstorte, die Limousine und die *pompom girls* hat das künftige Ehepaar angesichts der Gebrechlichkeit des Bräutigams verzichtet. Statt dessen mußte Marcelle eine Krankenschwester engagieren und einen Rollstuhl mit einer Halterung für die Morphiuminfusion besorgen.

Der Priester hat schon viele Sonderlinge getraut. Doch ein so seltsames Paar hat wohl noch nie vor seinem Altar gestanden. Die Haßliebe schweißt sie stärker zusammen, als jede Trauungszeremonie es könnte. Noch ein Jahr zuvor hätte Marcelle Altman am liebsten umgebracht. Jetzt ist sie plötzlich seine Braut und wird bald seine Witwe sein.

Da Altman nicht die Kraft hat, die Hochzeit in einem Restaurant zu feiern, bittet er Marcelle, ihn zurück ins Hotel zu bringen.

Sie zieht ihn aus und streift ihm mühsam die Schlafanzughose über, während er steif daliegt und an die Decke starrt. Sein nackter Oberkörper gleicht einer unförmigen Skulptur, deren plumpe Formen von den Metastasen gebildet werden.

Abends sitzt Marcelle auf dem Bett, trinkt ein Bier nach dem anderen und schaut sich einen Boxkampf im Fernsehen an. Das Finale der Weltmeisterschaft, das im *Caesar's Palace* ein paar hundert Meter von ihrem Hotel ausgetragen wird, ist nach wenigen Runden beendet. Während ihr Ehemann neben ihr schnarcht, wird der Schiedsrichter von den Zuschauern ausgebuht.

Zwei Tage später bekennt Altman sich schuldig, nachdem sein Anwalt mit dem Richter die Dauer der Haftstrafe ausgehandelt hat. Trotz seiner Krankheit muß er zurück ins Gefängnis. Nach einem kurzen Aufenthalt in seiner alten Zelle wird er erneut ins Haftkrankenhaus von Torrington verlegt.

Seine Frau besucht ihn so oft wie möglich. Er schläft fast die ganze Zeit, doch in seinen wachen Momenten ist er froh, wenn sie an seinem Bett sitzt.

Die Dosis Opiumalkaloid wird von Tag zu Tag erhöht. Er sinkt in wattige Träume, in denen seine Jazzband und der Portier der Carnegie Hall herumspuken. Angstzustände quälen ihn, und ein Alptraum über die Zeit auf dem Konservatorium sucht ihn immer wieder heim: alle Wettbewerbe, an denen er teilnimmt, sind abgekartet, seine Geige gibt nicht mehr als ein jämmerliches Kratzen von sich.

Immer öfter weichen die Träume einer völligen Leere. Sein Körper leistet keinen Widerstand mehr und ergibt sich den Tentakeln der Krankheit.

Am 12. August 1985 stirbt Altman im Alter von vierundsechzig Jahren im Gefängnis. Sein Erbe wird zwischen seiner Frau und seiner Tochter Sherry aufgeteilt. Marcelle kümmert sich um alle Details und füllt die Erbschaftssteuerformulare für das Finanzamt aus, in die sie ein kleines Sparkonto und ein paar Möbelstücke einträgt ...

Die Firma Beare hat ihren Sitz in London hinter dem Trafalgar Square und wirkt inmitten der Sexshops und Eckkneipen etwas fehl am Platz. Das schmale vierstöckige Gebäude brummt vor Geschäftigkeit, die Angestellten tummeln sich in den Fluren, Büros und dem engen Fahrstuhl wie Bienen kurz vor dem Ausschwärmen.

In den 1960er Jahren hat Beare das Monopol auf den Handel mit antiken Geigen aus Cremona von den Nachkommen der Gebrüder Hill übernommen.

Am 23. September 1985 wirft der Postbote wie jeden Tag ein Bündel Briefe, das von einem Bindfaden zusammengehalten wird, in den Briefkasten der Broadwick Street Nummer 7.

Ein an Charles Beare adressierter Umschlag hebt sich durch einen schrägen Aufdruck in Großbuchstaben von den Rechnungen und anderen Briefen ab: CONFIDENTIAL. Als Beare den maschinengeschriebenen Bogen entfaltet und liest, stockt ihm der Atem. Rachel Goodkind, die Tochter eines verstorbenen amerikanischen Kollegen, schreibt ihm, sie stehe in Kontakt mit einer Frau, die im Besitz der 1936 aus der Carnegie Hall gestohlenen Stradivari sei. Goodkind bittet Beare, dabei zu helfen, die Echtheit der Geige zu bestätigen.

Beare kennt die Goodkinds und die Vereinigten Staaten gut, da er einige Jahre bei Wurlitzer gearbeitet hat. Er ist ein weltweit anerkannter Experte. Zwar gibt es einige Konkurrenten, große Firmen, die zwei oder drei Stradivaris im Monat verkaufen, doch alle, selbst die mächtigsten, beugen sich seinem Urteil.

Er leert seine Tasse in einem Zug und greift zum Telefon. Da die Geige seit über fünfzig Jahre verschollen ist, ging er bislang davon aus, daß der Dieb sie zerstört hat. Aber jetzt hat die Gibson ein Lebenszeichen von sich gegeben.

Als er Rachel Goodkind an der Strippe hat, versucht er behutsam, mehr zu erfahren. Doch seine Gesprächspartnerin ist ungewöhnlich zurückhaltend: Sie will ihre Quelle schützen. Um ihr Vertrauen zu gewinnen, schlägt Beare vor, ihr einige Fotos aus Wurlitzers Archiv zu schicken. Obwohl sie schon alt sind, können die Bilder dazu dienen, die Geige zu identifizieren.

Drei Wochen später erreicht Beare ein zweiter Umschlag mit dem Aufdruck CONFIDENTIAL. In dem eilig mit Kugelschreiber geschriebenen Brief dankt Goodkind ihm für die Archivbilder. Sie berichtet, ihre Bekannte habe die Fotos mit ihrer Geige verglichen. Es handele sich tatsächlich um dasselbe Instrument. Die Frau werde ihm ihrerseits Fotos von der gestohlenen Geige schicken, wolle zunächst aber wissen, wie es dann weitergehe. Die geheimnisvolle Unbekannte fordert eine Garantie für die Belohnung, auf die sie ihrer Meinung nach Anspruch hat, wenn sie das Instrument zurückgibt. Goodkind bittet Beare außerdem, den Verkauf der Geige zu übernehmen.

Ein unscharfer Polaroidabzug erreicht ihn zehn Tage später aus den USA. Das Foto läßt keinen Zweifel am Wahrheitsgehalt von Goodkinds Worten.

Diesmal hat die Gibson ein Auge aufgeschlagen. Beare, der sonst eher pessimistisch ist, kann seine Aufregung kaum zügeln. Die Geige scheint entschlossen, das Leben im Untergrund aufzugeben und in die Legalität zurückzukehren. Da er jedoch mit dem komplizierten Räderwerk des menschlichen Charakters vertraut ist, bewahrt er einen kühlen Kopf. Er versteckt Goodkinds Briefe und wartet ab.

Zwei Monate vergehen ohne jede Nachricht. Als er fürchtet, die Geige könnte ihm durch die Lappen gehen, fragt er Goodkind nach dem Grund für ihr Schweigen. In der Meinung, sein Glück strapazieren zu können, kündigt er an, für die nächste Christie's-Auktion nach New York zu kommen. In seinem Brief erläutert er ihr, wie gefährlich der illegale Verkauf von gestohlener Ware sei, und bittet sie, ein Treffen mit ihrer Bekannten zu arrangieren.

Die Welt der Auktionen ist ebenso undurchsichtig wie die des Geigenbaus, und wenn beide aufeinandertreffen, ist die Heimlichtuerei groß. Christie's Auktionen in London und New York sind ein beliebter Treffpunkt für

Geigenhändler. Je nach Kenntnisstand gehen die Interessenten mehr oder weniger große Risiken ein. Die Zaghafteren verlassen sich auf das Urteil der Experten des Hauses. Die alten Hasen hingegen wissen im vorhinein, welche Geigen interessant sind, und geben ein gemeinsames Gebot ab, um die Preise nicht unnötig in die Höhe zu treiben.

Absprachen unter den Bietern sind gang und gäbe, seit es Auktionen gibt. In den 1960er Jahren kamen solche Machenschaften besonders häufig vor. Die wenigen Geigenhändler, die es damals gab, trafen sich zum Essen im Restaurant, um sich über die zum Kauf stehenden Geigen zu verständigen. Gab es mehrere Interessenten für ein Instrument, konnten sie auf diese Weise den Preis niedrig halten und den Besitzer um einen Teil seines Gewinns prellen. Jeder Händler schrieb den Höchstpreis, den er zu zahlen bereit war, auf ein Stück Papier. Anschließend wurde entschieden, wer von ihnen die Geigen ersteigern würde. Nach der Auktion kamen sie wieder zusammen, um die Differenz zwischen dem Preis des Höchstbietenden aus ihren Reihen und dem tatsächlichen Preis, der bei der Auktion erzielt wurde, unter sich aufzuteilen.

Diese Treffen erübrigen sich, seit junge und ehrgeizige Konkurrenten auf den Markt drängen, den die Alteingesessenen säuberlich unter sich aufgeteilt hatten.

Beare arbeitet ohnehin lieber allein. Bei Auktionen nimmt er das Angebot in Augenschein, während andere Käufer genau darauf achten, wohin sein Blick fällt. Um keine Aufmerksamkeit auf die interessantesten Stücke zu lenken, nimmt er sie nicht in die Hand, sondern blättert seelenruhig im Katalog. Später sieht er sich die Kandidaten in einem Nebenraum in Ruhe an und gibt seinem Sekretär Anweisungen zum Kauf.

Die an diesem Tag von Christie's angebotenen Violinen sind für ihn reizlos. Er betrachtet sie distanziert, ohne echtes Interesse. Schließlich ist er nur wegen der Gibson nach New York gekommen und wartet ungeduldig auf einen Anruf von Rachel Goodkind. Sein Interesse an der gestohlenen Geige geht weit über das geschäftliche Interesse eines Händlers an einer Rarität hinaus. Die Geige ist in Gefahr, so daß er alles daransetzt, sie zu finden und in die Familie der Stradivaris aufzunehmen, die die Jahrhunderte überdauert haben. Er fühlt sich wie ein Schäfer, dem am Ende des Sommers ein Schaf fehlt.

Marcelle Hall bekommt es plötzlich mit der Angst zu tun. Sie fürchtet, einen entscheidenden Vorteil aufzugeben, wenn sie ihre Identität enthüllt. Auf Anraten ihres Anwalts, der ein gutes Geschäft wittert, sagt sie das Treffen im letzten Moment ab. Der Anwalt, der eine Provision auf die zu erwartende Belohnung erhält, bemüht sich statt dessen diskret, den eigentlichen Besitzer der Geige ausfindig zu machen. Enttäuscht begreift Beare, daß der sachliche Umgang, den er sonst mit seinen Kunden pflegt, in diesem Fall nicht funktioniert. Weil er fürchtet, aus dem Rennen zu sein, falls der New Yorker Anwalt sich vor ihm bei der Versicherung meldet, nimmt Beare Kontakt mit Toplis & Harding Inc. auf.

Das Detektivbüro teilt ihm bedauernd mit, daß die alten Akten vernichtet worden seien und sie leider keine Angaben zu der Gesellschaft machen könnten, die die Geige damals versichert hat. Als nächstes wendet sich Beare an die Lloyd's. Wegen der hohen Anzahl an Versicherungsverträgen, die die Lloyd's abschließt, ist die Wahrscheinlichkeit am höchsten, bei ihr einen Treffer zu erzielen. Die Versicherung antwortet ihm unverbindlich, man würde Nachforschungen anstellen.

Doch als Grande Dame der Weltwirtschaft interessiert sich die Lloyd's eher für König Fahds Ölverträge als für staubige Akten aus der Vorkriegszeit. Nach einem einjährigen Briefwechsel und vergeblichen Nachfragen droht Beare verärgert, ihr Schweigen als einen Verzicht auf die Rechte an der Geige zu interpretieren. Diesmal folgt die Antwort auf dem Fuß. Die Versicherung sieht endlich ein, daß es in ihrem Interesse liegt, sich der Sache anzunehmen, auch wegen des zu erwartenden Medienechos. Ein Angestellter findet schließlich eine Kopie des Schecks, der Huberman ausgestellt worden war.

In Marcelles Augen sind die Verhandlungen mit Beare im Sand verlaufen. Als sie von einer Yakuza-Gruppe hört, die auf die Hehlerei mit Kunstwerken spezialisiert ist und einige Jahre zuvor eine Stradivari zweifelhafter Herkunft gekauft hat, kommt sie auf den Gedanken, die Geige ins Ausland zu bringen. Sie will gerade nach Tokio aufbrechen, als Rachel Goodkind ihr mitteilt, daß Bewegung in die Sache gekommen sei.

In London wird ein Schlachtplan entworfen. Er sieht ein Treffen am 8. Mai 1987 in Bethel vor. Beare wird von der Lloyd's mit der Identifikation der Geige beauftragt und fliegt mit zwei Versicherungsanwälten in die Vereinigten Staaten. Immer noch kennt er den Namen derjenigen nicht, die die Fäden in der Hand hält.

Die Stimmung im Wagen ist angespannt. Beare befürchtet insgeheim eine Komplikation im letzten Moment. Endlos scheint ihm die kurvige Strecke. Die Mitfahrer schweigen, einer der Anwälte kritzelt etwas in sein Notizbuch, während Beare nach den alten Fotos der Gibson in seiner Tasche tastet.

Bei ihrer Ankunft ist es fast Mittag. Sie sind überrascht, wie viele Autos vor dem Haus parken, und glauben für einen Moment, sich in der Adresse geirrt zu haben. Doch dann kommt Rachel Goodkind ihnen entgegen und bittet sie herein. Im Haus werden sie von mindestens zwanzig Menschen umringt, die sie mit Jubel und Applaus begrüßen. Als Rachel ihm Marcelle Hall vorstellt, wird Beare klar, daß die Anwesenden die Nacht durchgefeiert haben. Der Boden ist mit leeren Flaschen und Zigarettenkippen übersät. Betrunkene Gäste lümmeln sich auf den Sofas, die um einen falschen Kamin herumgruppiert sind. Zum Entsetzen des Geigenexperten läßt ein Team vom Fernsehsender NBC seine Kameras laufen. Fragen prasseln auf ihn ein. Das hemmungslose Verhalten der Anwesenden entspricht ganz und gar nicht dem, was er erwartet hat. In diesem Augenblick sehnt er sich nach der kühlen Reserviertheit, die den Angehörigen seines Berufsstandes eigen ist.

Ehe er sich versieht, hält er die Geige in den Händen und steht im Mittelpunkt der Aufmerksamkeit. Mit einem Champagnerglas in der Hand drängt ihn Marcelle Hall, vor laufender Kamera zu bestätigen, daß es sich um die 1936 gestohlene Geige handelt. Der Geigenhändler befürchtet das Schlimmste und weiß nicht, wie er sich dem Willen dieser Frau widersetzen soll, ohne sie zu kränken. Die Erstellung von Gutachten ist eine ungenaue Wissenschaft. Sie erfordert hohe Konzentration und leidet unter dem Druck, den die Besitzer der Instrumente unweigerlich ausüben. Beare versucht sich mit einigen sehr britischen Ausflüchten aus der Affäre zu ziehen und tritt zum Fenster, wo das Licht besser ist. Die nun eintretende Stille ist ebenso ohrenbetäubend wie der vorherige Trubel. Beare läßt sich Zeit und mustert die Geige, so wie er es immer tut: erst den Boden, dann die Decke, dann den Wirbelkasten. Anschließend schiebt er die Brille auf die Stirn und hält das Instrument auf Augenhöhe, um die Einlagen der Decke und des Bodens zu vergleichen. Die Geige ist in einem jämmerlichen Zustand. Der häßliche Riß, den Wick repariert hat, und die Abnutzung des oberen rechten Randes der Decke sind Kleinigkeiten im Vergleich zu dem Schreck, den er beim Anblick des Lacks bekommt. Der Lack ist so dunkel und schmutzig, das selbst die Frühlingssonne ihn nicht zum Funkeln bringen kann. Glücklicherweise ist etwas von der Maskerade durch die jahrelange Reibung mit Altmans Schulter abgescheuert, darunter kommt der blutrote Cremoneser Lack zum Vorschein.

Trotz der widrigen Umstände braucht der Brite nur wenige Minuten, bis sein Urteil feststeht. Es handelt sich eindeutig um die berühmte Gibson. Beare läßt die rechte Hand sinken, mit der er den Hals des Instruments fest umklammert hält, dreht sich um und nimmt die Brille ab.

»No ... problem.«

Beare ist einer jener Gentlemen, deren Humor man sich auf der Zunge zergehen lassen muß wie einen uralten Sherry. Seine Scherze sind etwas für Feingeister, da ihre Pointe mit einer gewissen Verzögerung zündet, wie eine Kugel, die von einem Billardspieler angestoßen wird. Er hat den Satz absichtlich langsam gesprochen und zwischen den beiden Worten eine längere Pause eingelegt, um seine Zuhörer im ungewissen zu lassen.

Als Marcelle das Wörtchen »no« gehört hat, ist sie sogleich in Ohnmacht gefallen. Jetzt steht sie im Mittelpunkt der Aufmerksamkeit. Beare läuft rot an, weil er sich für den übermäßigen Erfolgs seines kleinen Scherzes schämt.

Nachdem sich die Aufregung gelegt hat, spricht er sein Urteil.

»Es handelt sich tatsächlich um die Gibson. Jemand hat sie als gewöhnliche Geige ausgeben wollen, doch ich bin sicher, daß sich unter dem Lack eine echte Stradivari verbirgt.«

Marcelle Hall ist unterdessen wieder zu sich gekommen. Sie drückt die Hand ihres Sohnes und flüstert ihm zu:

»Wir haben's geschafft. Wir sind reich.«

»Heute ist ein großer Tag für alle Geigenhändler und Musikliebhaber. Ich möchte Miss Hall meinen herzlichen Dank aussprechen. Ihr haben wir es zu verdanken, daß die Gibson wiederaufgetaucht ist.«

In der nächsten Stunde wird er von Fragen bestürmt und erweist sich als geduldiger Lehrer.

»Ist Stradivari eigentlich eine Marke?«

»Nein, das ist der Name eines Geigenbauers.«

»Lebt er noch?«

»Er ist seit zweihundertfünfzig Jahren tot.«

»Aus welchem Holz wird eine Geige gebaut?«

Beare antwortet freundlich auf Fragen, die er schon tausendmal gehört hat.

Insgeheim wollen alle Gäste den Preis des Instruments wissen, auf das sie ihr Glas erhoben haben, doch niemand wagt es, das heikle Thema anzusprechen. Marcelle Hall muß zwar damit rechnen, wegen Hehlerei ins Gefängnis zu kommen, doch für die Rückgabe der gestohlenen Geige wurde ihr eine hohe Belohnung in Aussicht gestellt. Ihr Anwalt hat geschickt verhandelt und ein Viertel der Verkaufssumme für sie herausgeschlagen, obwohl die Prämie für die Rückgabe von Diebesgut üblicherweise nur zehn Prozent beträgt.

Im Gespräch mit den anwesenden Journalisten erläutert Beare, daß der billige Lack ein verläßliches Urteil über den Zustand der Geige verhindere.

»Eine Stradivari ohne Lack ist so schutzlos wie eine Larve an einem Angelhaken.«

»Und das hier ist nicht ihr Lack?«

»Schon, aber irgend jemand hat einen zweite Schicht aufgetragen. Es ist schwer zu sagen, ob man die obere Schicht entfernen kann, ohne den Originallack zu beschädigen.«

»Stimmt es, daß die Geigen um so teurer sind, je röter der Lack ist?«

»Die Instrumente aus Stradivaris Glanzzeit sind tiefrot. Die Ruby und die Red Diamond sind schon sehr rot, doch das Rot von Miss Halls Geige ist noch dunkler. Jedenfalls bevor sie umlackiert wurde. Ich hoffe, daß es uns gelingt, ihr ihre einstige Farbe zurückzugeben.«

»Sie haben die Frage meines Sohns nicht beantwortet«, bemerkt Marcelle amüsiert.

»Je röter sie sind, desto schöner sind sie. Und je schöner sie sind, desto seltener sind sie. Und je seltener sie sind, desto teurer sind sie.«

»Verblaßt denn die Farbe mit dem Alter?«

»Ja. Die Geige von Pablo de Sarasate zum Beispiel, die im Konservatorium von Paris zu lange neben einem Fenster ausgestellt worden war, hat ihre Farbe eingebüßt. Sie ist jetzt nur noch hellorange, was ihren Wert deutlich verringert. Doch die Farbe der Gibson scheint erhalten geblieben zu sein, obwohl sie einiges durchgemacht hat.«

»Wenn die Farbe mit der Zeit verblaßt, sind dann die Geigen eines Tages nichts mehr wert?«

»Im Moment steigen die Preise eher. Die *Financial Times* berichtet auf der Titelseite über die Rekordgewinne, die mit dem Verkauf alter Geigen erzielt werden.«

»Aber sie sind nicht unsterblich.«

»Stradivari hatte ein gutes Gespür dafür, wie sich die Musikwelt nach seinem Tod verändern würde. Dank ihrer Anpassungsfähigkeit haben seine Geigen inzwischen einen festen Platz in den Orchestern, während andere Instrumente gänzlich in Vergessenheit geraten sind.«

»Wollen Sie damit sagen, daß ein paar ungehobelte Handwerker eine Legende erschaffen haben? Schließlich kommen Stradivari-Geigen in Sonntagsmessen, Opernaufführungen und in der Filmmusik zum Einsatz.«

»Mehr noch. Sie haben ein unsterbliches Ritual erfunden.«

Marcelle geht zu Beare und nimmt ihm die Geige aus der Hand.

»Genug davon. Lassen wir die Musik sprechen.«

Eine junge Frau neigt den Kopf zur Seite und streicht sich die Haare von der Schulter. Zwischen Daumen und Zeigefinger hält sie einen Bogen und hebt jetzt die Hand. Die Gäste treten beiseite, wer noch sitzt, steht auf. Alle Gespräche verstummen. Bisher hat sich die Frau im Hintergrund gehalten, doch nun bringt Rita die Stradivari mit der Arglosigkeit einer Anfängerin zum Jubilieren. Sie scheint nicht zu bemerken, daß alle Blicke auf sie gerichtet sind. Die Unerfahrenheit verleiht ihr Kraft und nimmt ihr alle Angst. Unbefangen spielt sie eine einfache Melodie, die die Zuhörer trotz kleiner Patzer in den Bann zieht. Ihre zögernden Bogenstriche und der warme Klang der Geige bereiten einigen Gästen eine Gänsehaut.

»Bravo! Darf ich fragen, wer das Lied komponiert hat, das Sie gespielt haben?«

Rita antwortet Rachel Goodkind mit einem Lächeln und gibt ihrer Mutter die Geige zurück.

Aus der Küche, wo die Getränke lagern, dringen Stimmfetzen herüber. Die Gäste nehmen ihre Gespräche wieder auf, Champagner tropft auf den abgewetzten Teppich. Obwohl Marcelle die Freude und der Alkohol in den Kopf gestiegen sind, vergißt sie keinen Moment das Geschäftliche. Bevor sie die Stradivari aus der Hand gibt, muß die Bezahlung der Belohnung geregelt werden. Sie zieht sich mit den Anwälten zurück und läßt folgendes Papier aufsetzen:

1. Die Geige geht in den Besitz der Lloyd's über, die Anwälte dürfen sie gleich mitnehmen.
2. Die Lloyd's übergibt die Geige Beare, sobald die Verpflichtungen der Versicherung gegenüber Marcelle Hall vertraglich festgeschrieben sind.
3. Beare darf die Geige mit nach London nehmen, um die notwendigen Restaurierungsarbeiten vorzunehmen.
4. Der Geigenbauer muß vor Beginn der Arbeit einen Kostenvoranschlag einreichen.
5. Das Instrument darf die Werkstatt nicht ohne Marcelles ausdrückliche Genehmigung verlassen.

Als das Schriftstück unterzeichnet ist, fragt Marcelle den Geigenhändler, ob sie ihn umarmen darf. Der Tontechniker der NBC packt seine Ausrüstung zusammen, die Anwälte steigen wieder in ihren Wagen. Der Fahrer läßt den Motor aufheulen. Er hat es eilig, diesem gottverlassenen Ort den Rücken zu kehren.

Als Beare die Gibson auf der Werkbank ablegt, umringen ihn die Arbeiter, um sie zu bewundern. Die malträtierte Geige soll in einer Ausstellung anläßlich Stradivaris zweihundertfünfzigstem Todestag der Öffentlichkeit vorgeführt werden. Es bleiben drei Monate für die Restaurierung. Die Verantwortung, die auf den Schultern des Werkstattmeisters lastet, ist erdrückkend. Die amerikanischen Fernsehsender und die großen Tageszeitungen haben die Nachricht von der Wiederentdeckung der Meistergeige in die Welt getragen. Die Neugier und die Erwartungen sind groß.

Bei Ausstellungen von kostbaren Geigen will das Publikum Raritäten sehen. Es genügt nicht, die Instrumente zusammenzustellen, die bereits in Museen gezeigt werden. Beare ist mit der Organisation der Ausstellung betraut und weiß das nur zu gut. Doch im Unterschied zu anderen Kunstwerken sind Geigen zuallererst Gebrauchsgegenstände, die tagtäglich von Musikern benutzt werden. Stradivari-Geigen gehören häufig Solisten, die einen vollen Terminkalender haben und von Konzert zu Konzert reisen. Sie davon zu überzeugen, sich auch nur für kurze Zeit von ihrem Instrument zu trennen, ist ein schwieriges Unterfangen. Die Wiederentdeckung der Gibson so kurz vor der Ausstellungseröffnung ist ein unverhoffter Glücksfall. Von der Lloyd's hat Beare den Auftrag bekommen, die »troppo rosso« zu verkaufen, und auch dafür kommt ihm die Ausstellung gelegen.

Die Wiederentdeckung der Gibson lockt zahlreiche Schaulustige in die Broadwick Street, darunter auch einige Interessenten. Norbert Brainin, der erste Geiger des Amadeus-Quartetts, stattet Beare einen Besuch ab und sichert sich eine Option auf die Geige, ohne ihren Preis zu kennen oder ihren Klang gehört zu haben. Er kann sie nicht ausprobieren, da ihr gerade der Bauch geöffnet worden ist.

Beare ist damit beschäftigt, die letzten Details vor der Ausstellungseröffnung zu regeln. Er nimmt die verspätet eingetroffenen Instrumente in Empfang. Alles soll für den nächsten Tag bereit sein. Trotz der hektischen Betriebsamkeit, die im großen Saal des *palazzo comunale* herrscht, muß er Cremona für einige Stunden verlassen und zum Mailänder Flughafen fahren. Marcelle Hall möchte die Ausstellung um nichts in der Welt verpassen.

Sie kommt durch die Glastür auf ihn zugewankt. Ihr Lippenstift ist mit Schokoladenflecken gesprenkelt, ihr beigefarbenes Kostüm trägt auf Brusthöhe die Spuren eines verunglückten Kuchenstücks. Als sie Beare sieht, fällt sie ihm um den Hals. Der Brite mißbilligt solche Gefühlsausbrüche. Höflich macht er sich los und klopft die Schokoladenkrümel ab, die auf seinem Hemd gelandet sind. Marcelle hat sich im Flugzeug offenbar mehrere Drinks genehmigt und braucht seine Hilfe, um es bis zum Parkplatz zu schaffen. Im Auto bestürmt sie ihn mit Fragen.

»Und, wie klingt sie? Hat sie einen schönen Platz im Saal? Ist alles gut gegangen bei der Restaurierung?«

Sie hat eine solche Alkoholfahne, daß Beare drauflosredet und sie nicht mehr zu Wort kommen läßt. Er beantwortet ihre Fragen und überlegt gleichzeitig, ob sie eher nach Cognac oder Gin riecht.

»Es gibt mehrere Interessenten. Wir sollten keine Probleme haben, einen Käufer zu finden.«

»Und was wollen sie bezahlen?« fragt Marcelle schelmisch.

»Ungefähr eine Million zweihunderttausend Dollar.«

»Wow! Und das mit meinen fünfundzwanzig Prozent geht immer noch klar?«

»Selbstverständlich.«

Anfangs, nachdem Marcelle die Geige einem Spezialisten in New York gezeigt hatte, der sicher war, daß es sich um eine französische Kopie aus dem 19. Jahrhundert handelt, hielt sie die Geige für wertlos. Später rechnete sie mit einem Verkaufspreis von etwa vierhunderttausend Dollar. Als die Verhandlungen Fortschritte machten und die Übergabe in Reichweite rückte, näherte Beare die Schätzungen allmählich dem tatsächlichen Marktpreis an. Zu Marcelles großer Freude stieg damit auch ihre Belohnung in schwindelerregende Höhen. Sie weiß, daß sie ihren Anteil erst bekommt, wenn die Geige verkauft und bezahlt ist, doch die Worte des Geigenhändlers versetzen sie in Hochstimmung. Trotz der langen Reise und der Zeitverschiebung ist sie hellwach.

Am nächsten Tag hält Beare eine kurze Eröffnungsrede und dankt den verschiedenen Personen, die die Ausstellung ermöglicht haben. Von den vierzig Instrumenten, die an den Ort ihrer Entstehung zurückgekehrt sind, befinden sich viele zum ersten Mal wieder in Cremona. Das gilt auch für die »troppo rosso«. Die »Messias« darf Oxford wegen einer testamentarischen Verfügung nicht verlassen und kann deshalb nicht an dem Familientreffen teilnehmen.

In den nächsten Tagen führt Beare hohe Gäste persönlich durch die Ausstellung. Er erklärt Stradivaris verschiedene Schaffensperioden, nennt die Namen seiner Schüler und erzählt zahlreiche Anekdoten. Alle hören ihm aufmerksam zu. Vor der Vitrine der Gibson bestürmen sie ihn mit Fragen. Beare erzählt wieder und wieder die Geschichte der roten Geige: Altman, der Jazzclub, das Gefängnis. Nach einiger Zeit ist er es leid und beschließt, die abenteuerliche Seite der Geschichte zu verschweigen und sich auf die technischen und musikalischen Details zu konzentrieren.

Die Ausstellung ist ein Riesenerfolg, Kataloge und Plakate finden reißenden Absatz. Die Zeitungen und das Fernsehen überschlagen sich vor Begeisterung. Der Stadtrat, der die ehemaligen Häuser der Geigenbauer dem Erdboden gleichgemacht hatte, um ein Einkaufszentrum zu bauen, erinnert sich plötzlich an Stradivaris Beitrag zum wirtschaftlichen Aufstieg Cremonas. Die Stadt spezialisiert sich auf Kulturtourismus und benutzt seinen berühmten Bürger als Aushängeschild.

Während Hubermans ehemalige Geige der Star der Ausstellung ist, bereitet Julian Altmans Tochter einen Prozeß gegen ihre Stiefmutter vor, nachdem sie in der Zeitung von der Höhe des möglichen Verkaufspreises gelesen hat.

Aus einem schimmeligen Wohnwagen schreibt Marcelle Hall ihrem Anwalt. Sie ist wegen Erbschleicherei verurteilt worden, hat vergeblich Berufung eingelegt und mußte schließlich eine halbe Million Dollar an Altmans Tochter zahlen. Sie macht ihrer Wut und Verbitterung Luft, indem sie sämtliche Beteiligten mit Schimpfwörtern bedenkt. In dem zerknitterten und stellenweise sogar zerrissenen Brief teilt sie ihrem Anwalt mit, daß sie zahlungsunfähig ist. Ihren Gläubigern bleibt nichts als ein wertloses Stück Land.

Der stolze neue Eigentümer Norbert Brainin ist schon nach kurzer Zeit gezwungen, die Stradivari wieder abzugeben. Er versucht, eine Bank davon zu überzeugen, die Gibson zu kaufen und ihm zum Spielen zur Verfügung zu stellen. Doch sowohl die Bank als auch diverse Sponsoren lehnen seinen Vorschlag ab, da ihnen der Preis zu hoch ist: Brainin verlangt mehr als drei Millionen Dollar. Einen so hohen Preis hat noch keine Geige erzielt. Brainin beauftragt Beare, einen Käufer zu finden. Der Geigenhändler hält die Stradivari in seinem Tresor unter Verschluß und wartet, bis die Preise die Vorstellungen ihres Besitzers einholen.

Nach dem Tod Yehudi Menuhins kommt die Sache in Bewegung. Menuhins Guarneri von 1742, die unter dem Namen »Lord Wilton« bekannt ist, steht zum Verkauf. Der mit der Transaktion betraute Geigenhändler beruft ein Treffen aller Interessenten ein, während Kollegen in aller Welt versuchen, sich das Instrument unter den Nagel zu reißen. Nach einem entsetzlichen Wutausbruch setzt er ihren Intrigen ein Ende. Bei einer Geheimauktion geht die »Lord Wilton« schließlich an einen amerikanischen Sammler. Da die »Messias« im Ashmolean Museum von Oxford festsitzt, hat die »Lord Wilton« es übernommen, alle Rekorde zu brechen. Sie wechselt für sechs Millionen Dollar den Besitzer und erzielt damit den höchsten Preis, der je für ein Musikinstrument bezahlt worden ist.

Der von Brainin für seine rote Geige geforderte Preis erscheint nun nicht mehr abwegig, Beare verkauft sie im folgenden Jahr an Joshua Bell.

So nimmt das Leben der Gibson seinen Lauf: auf Flughäfen und in Hotelzimmern, in Geigenbauwerkstätten und Konzertsälen. Am 20. August 2004 schließlich ist sie zurück in New York, wo Joshua Bell im Lincoln Center ein Konzert mit dem Titel *Mostly Mozart* gibt.

Ganz hinten im Saal wartet ein vom Alter gebeugter Mann auf den ersten Ton der Geige, die 1936 gestohlen wurde.

Zweihundertneunzig Jahre nach ihrer Entstehung ist das fragile Holzgebilde, das allen Widrigkeiten getrotzt hat, immer noch zu Glanzleistungen fähig. Bei Mozarts Violinkonzert N°5 scheint das Instrument in den Händen des Geigenvirtuosen zu schweben. Musik erfüllt den Saal. Der ehemalige Portier und Liebhaber von Havannazigarren läßt sich von den Schwingungen mitreißen, die dem Stück Fichtenholz aus dem Val di Fiemme entströmen.

© privat

Frédéric Chaudière, geboren 1963 in Dieulefit, lebt in Montpellier und arbeitet seit zwanzig Jahren als Geigenbauer. Zudem schreibt er Beiträge für Radio France und die englische Fachzeitschrift *The Strad*.
Geschichte einer Stadivari ist seine erste Veröffentlichung in Buchform.

Kulturgeschichte bei Wagenbach

Massimo Montanari   Spaghetti al pomodoro
Kurze Geschichte eines Mythos
Maccheroni, Tagliatelle, Vermicelli ... der große Historiker der europäischen Ernährungsgeschichte hat mit »gusto« ein kleines Meisterwerk über die Mutter aller italienischen Gerichte verfasst.
Aus dem Italienischen von Victoria Lorini
SALTO. Rotes Leinen. Fadengeheftet. 144 Seiten mit Abbildungen

Dieter Richter   Con gusto
Die kulinarische Geschichte der Italiensehnsucht
Dieter Richter erzählt – wie immer kulinarisch und mit großer Kennerschaft – die Kulturgeschichte einer Begegnung: Wie die italienische Küche in den Norden kam und zur Zauberformel des guten Lebens wurde. Von Goethes Italienreise bis zur Mittelmeerdiät.
SALTO. Rotes Leinen. Fadengeheftet. 168 Seiten mit Abbildungen

Peter Burke   Giganten der Gelehrsamkeit
Die Geschichte der Universalgenies
Wie passt das Wissen der ganzen Welt in den Kopf eines einzelnen Menschen? Wie kann jemand Kenntnisse von 25 Sprachen und parallel in mannigfachen Disziplinen und Künsten besitzen? Das neue große Werk des bedeutenden Kulturhistorikers Peter Burke: Die Geschichte einer gefährdeten Spezies – die der Universalgelehrten.
Aus dem Englischen von Matthias Wolf unter Mitarbeit von Ursula Wulfekamp. Sachbuch. Großformat. 320 Seiten

Stefan Schweizer   Die Hängenden Gärten von Babylon
Vom Weltwunder zur grünen Architektur
Eine so bewunderte wie verachtete mythische Königin, die Suche nach einem verschwundenen Weltwunder und das Versprechen eines blühenden Gartens inmitten gebauter Architektur: Stefan Schweizer zeichnet die Faszinationsgeschichte der Hängenden Gärten nach – bis zur grünen Architektur der Gegenwart.
Mit einem Beitrag von Frank Maier-Solgk. Sachbuch. Großformat Klappenbroschur. 240 Seiten mit zahlreichen Abbildungen

Wenn Sie mehr über den Verlag und seine Bücher wissen möchten, schreiben Sie uns eine Postkarte oder elektronische Nachricht (mit Anschrift und E-Mail). Wir informieren Sie dann regelmäßig über unser Programm und unsere Veranstaltungen.
Verlag Klaus Wagenbach   Emser Straße 40/41   10719 Berlin
www.wagenbach.de   vertrieb@wagenbach.de

Geschichte einer Stradivari von Frédéric Chaudière erschien 2007 als 147. *SVLTO*. Die französische Originalausgabe erschien 2005 unter dem Titel *Tribulations d'un Stradivarius en Amérique* bei Actes Sud in Arles. Für die deutsche Ausgabe wurde der Text gemeinsam mit dem Autor leicht verändert.

Dieses Buch erschien im Rahmen des Förderprogramms des französischen Kulturministeriums, vertreten durch das Centre national du livre.
Cet ouvrage est publié avec le soutien du Centre national du livre – Ministère français chargé de la culture.

4. Auflage 2021

© 2005 Actes Sud, Arles.
© 2007 für die deutsche Ausgabe:
Verlag Klaus Wagenbach, Emser Str. 40/41, 10719 Berlin
Umschlaggestaltung Julie August unter Verwendung einer Fotografie von Liane Riss © Liane Riss/gettyimages. Gesetzt aus der Aldus. Vorsatzpapier von peyer graphic GmbH, Leonberg. Leinen von Gebr. Schabert, Strullendorf. Gedruckt auf Schleipen und gebunden bei Eberl & Koesel Fine Prints, Altusried-Krugzell. Printed in Germany. Alle Rechte vorbehalten

ISBN 978 3 8031 1246 0

9 783803 112460